現代語訳

恵信尼からの手紙

今井雅晴

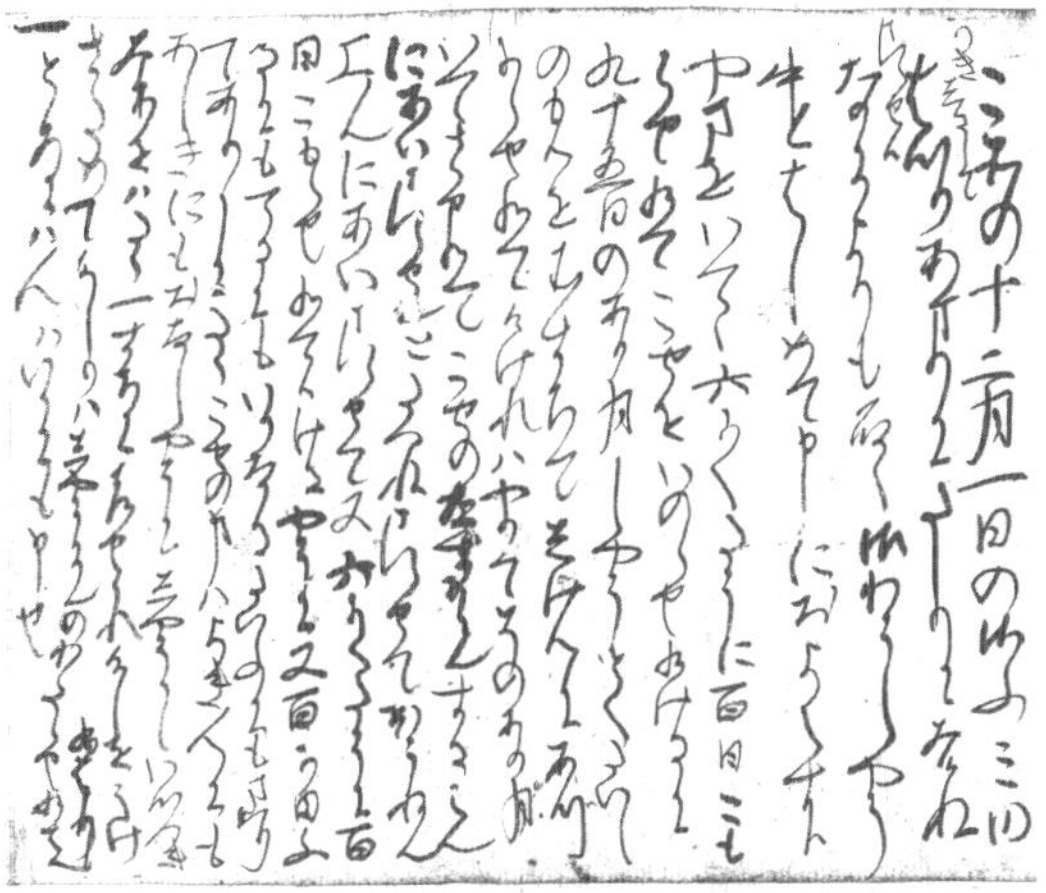

法藏館

恵信尼座像
（大分県別府市・永福寺蔵、撮影・藤谷知道）

はじめに

　恵信尼とは鎌倉時代に生きた女性である。京都の中級貴族三善家に生まれ、浄土真宗の開祖である親鸞と結婚し、ともに念仏の教えに生きた。その生活の場は京都から越後、関東、そしてまた越後と移り、八十七歳という長寿を保った。この間、夫の理想に協力したのみならず、数人の子どもたちを育て、地域の人たちとも仲よく暮らした。

　恵信尼が注目されているのは、親鸞の妻であるだけでなく、七十歳代から娘の覚信尼に送った十通の自筆の手紙が現代に残されていることにもよる。この手紙は「恵信尼文書」あるいは「恵信尼消息」といわれてきた。その内容は、親鸞の若いころの比叡山での生活、師匠法然への入門から関東での悩みなども記され、人間親鸞を知るために重要な史料である。また恵信尼自身についていえば、覚信尼に譲る下人たちの様子、自分や他の子どもたち・孫たちの様子、さらには越後の環境や生活状況、そして恵信尼自身の信仰も詳しく書き込まれている。この手紙には、状況を飾らずに農村に住む女性の生活と気持ちが記されていて、その後七百年以上を経ているにもかかわらず、現代の私たちの心を打つ。

恵信尼文書は、京都・西本願寺で大正十年（一九二一）に発見され、翌年に公表されて世に大きな衝撃を与えた。覚信尼の孫である本願寺第三代覚如がこの手紙を見ていることは明らかになっている。以来、本願寺も大坂時代に焼かれるなど苦難の時代があったにもかかわらず、連綿として受け継がれてきたことはまさに驚異的である。

この恵信尼文書は、その後さまざまな研究がなされてきた。本書はその蓄積の上に立ち、また近年の諸分野の研究成果を取り入れてまとめたものである。

本書の内容構成は、まず「恵信尼の一生」と題して恵信尼の生涯を概観した。次に、全十通を一通ずつ、解説の上、その「原文」をあげて「意訳」を掲載した。これは、この「意訳」は現代語訳であるけれども、母恵信尼が娘覚信尼に送ったという手紙の性格を考慮して、直訳ではなく、状況や恵信尼の意図などがわかりやすいようにいくらか補足したものである。原文を大幅に変えてはいない。そして、それぞれの下に注（語注）をつけ、また「意訳」のあとに「原文注」としてやや詳しい説明を加えた。

その上で、読者が読みやすいように、次のような工夫をしたことをお断りしておきたい。

(1) 恵信尼文書の原本には句読点がないので、「原文」では適宜句読点をつけた。
(2) 濁音の濁点（「ば」など）もないので、濁音と判断される文字には濁点をつけた。
(3) 「原文」は、読みやすいよう内容に即して適宜改行を加えた。
(4) 長文の手紙は、内容に即して短く切ってA、Bなどとして説明を進めた。

恵信尼は、親鸞にただ従順に従っていたということではなく、自分自身の強くて柔軟なそして清々しい心を持っていたように思える。本書をその恵信尼を理解する基礎としていただければ幸いである。

現代語訳　恵信尼からの手紙＊目次

親鸞・恵信尼関係系図

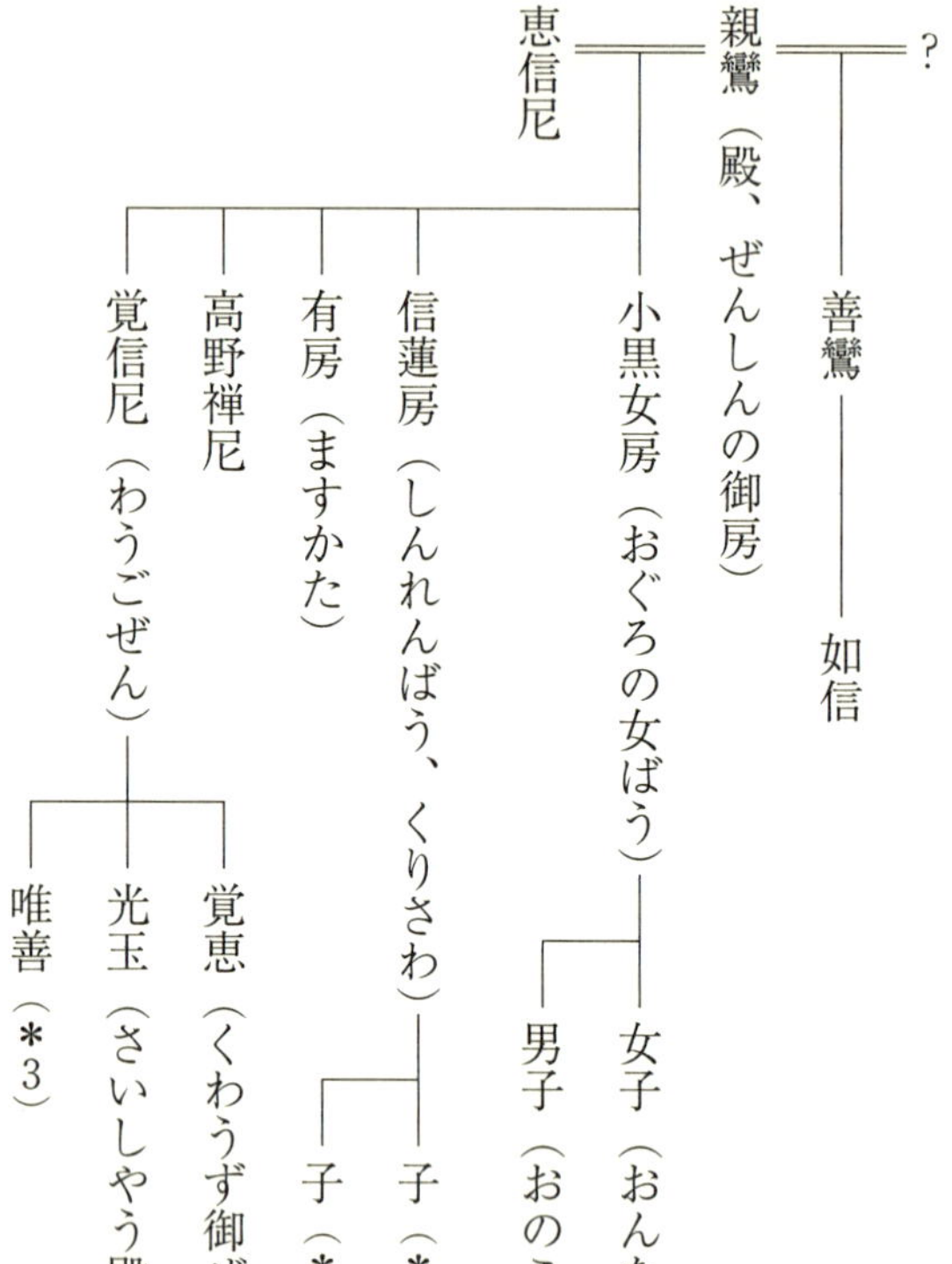

＊（ ）内は恵信尼文書に出る名前。
＊1～3：恵信尼文書には出るが、名前が記されていない。

親鸞と日野家系図

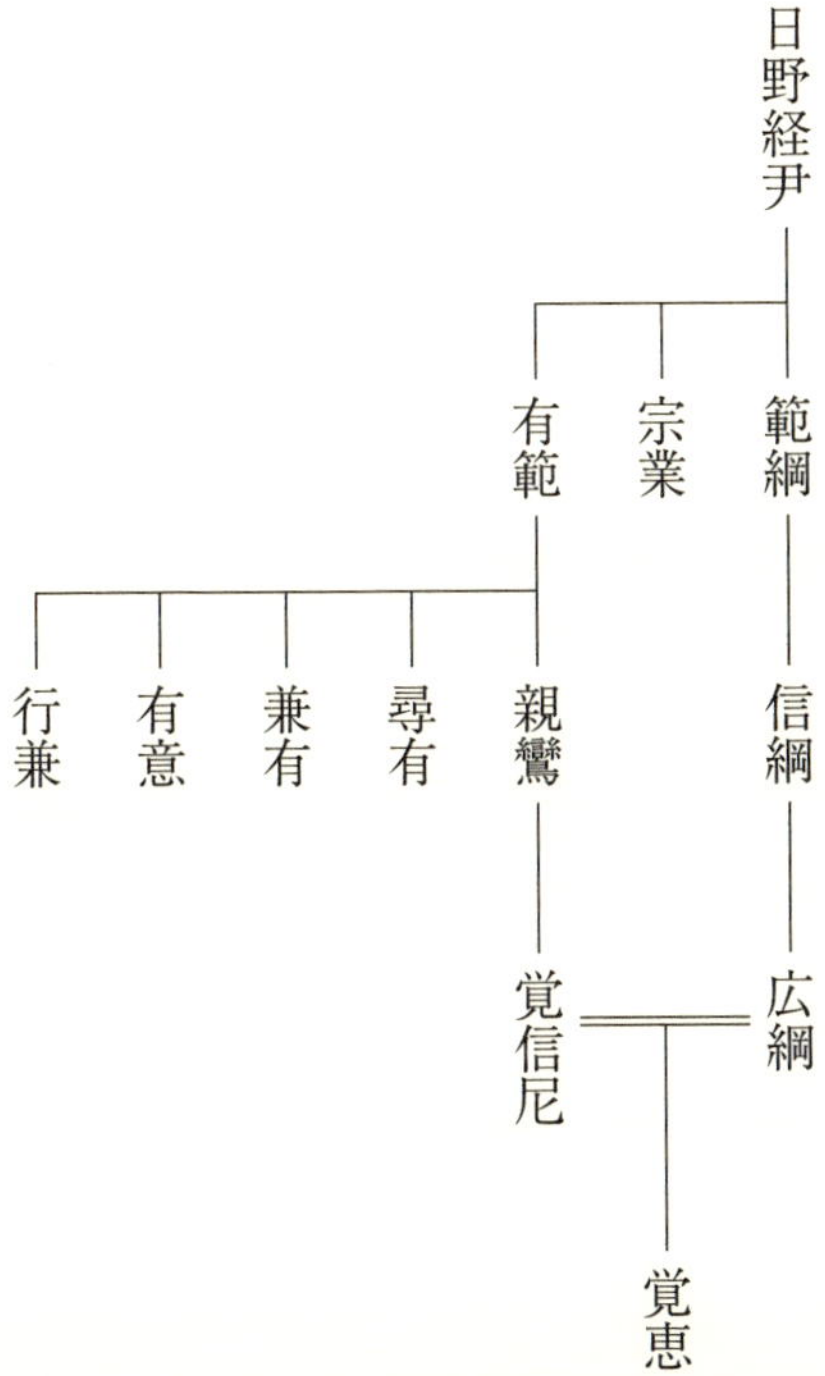

現代語訳　恵信尼からの手紙

恵信尼の一生

一、京都の貴族三善家に誕生

養和二年（一一八二）、恵信尼は前越後介三善為教の娘として誕生した。親鸞（一一七三―一二六二）より九歳の年下であった。三善家は学問の家柄で、また諸国の国司に任命されることを目標とする程度の中流貴族であった。祖父と推定される三善為康はあつく阿弥陀仏を信じていた。『拾遺往生伝』『後拾遺往生伝』の著もあり、「信心」を大切にしていた。比叡山黒谷の念仏者たちと親しかったことも注目される。

しかし中・下流貴族は、関白や摂政などの上流貴族に仕えて働かなければ職を得ることが難しかった。そこで恵信尼の父為教も九条兼実に仕えていた。

当時、貴族の男性は六歳の時から教育を受け始めた。親鸞もそうだったと考えられる。日野家も学問の家であり、厳しく教育を受けたであろう。女性は十歳ころから教育を受ける慣例であった。女性が受ける教育の内容は、書の練習や和歌、琴、裁縫を習うことであった。また貴族の女性は他人から見られる労働をしてはいけなかった。それは身分の低い召使いがするべきことだったからである。その労働とは、炊事・掃除・洗濯などで、育児もしてはいけなかった。育児は乳母のするべき仕事であった。他人から見られる労働を禁ぜられていたのは貴族の男性も同様であった。

恵信尼の若いころを物語る直接の史料はないが、ほぼ貴族の慣行に従って生活していたと考えることができよう。

二、親鸞との結婚

建仁元年（一二〇一）、恵信尼は二十歳の時に親鸞に出会った。法然の吉水草庵においてであった。この年、二十九歳の親鸞は二十年間にわたる比叡山延暦寺での修行がうまくいかず、山を下り、京都六角堂に百日間の予定で参籠した。極楽往生できるかどうかについて観音菩薩のお告げを得るためである。九十五日目の暁にそのお告げを得た。続いて法然のもとにさらに百箇日通っていた時、恵信尼は親鸞と出会ったのである（恵信尼文書第三通）。

やがて恵信尼は親鸞と結婚することになった。しかし当時、僧侶は結婚を戒律で禁止されていたし、親鸞は貧しいし、恵信尼は今後の人生について重大な決心をしたことであろう。

親鸞と恵信尼の結婚生活は、当時の風習に従い、三善家で営まれたはずである。親鸞は生活の面倒を三善家にみてもらいながら吉水草庵に通い、専修念仏を学んだ。恵信尼も法然の教えを受けていた（第三通)。

三、越後国に下向

承元元年(建永二、一二〇七)二月下旬、三十六歳の恵信尼は親鸞とともに越後国へ下った。その三年ほど前から、延暦寺や興福寺の僧が専修念仏の停止を朝廷に求めており、いろいろないきさつがあった後、法然とその門弟八人が各地に流され、四人が死罪となった。親鸞は還俗の上、越後国に流された。罪人に妻がいたら一緒に流刑地に同行する決まりだったので、恵信尼も越後に下った。

従来、親鸞は越後において慣れない田畑の仕事で大変だったといわれていた。しかし、流罪の一か月前に越後権介に就任した伯父の日野宗業の存在は大きい。現職の国司の保護を受けて、親鸞の衣食住と身分は十分に保証されていたのである。それに三善家の領地からも経済的援助があったはずである。

親鸞にとって大変だったのは、師匠法然や信頼する先輩・同輩と切り離され、たった一人で学びの生活をしなければならなかったことである。質問したくても誰も答えてくれないし、苦しかったに違いない。恵信尼も、京都の実家にいた時より生活がずっと大変だったことは間違いないが、やがて恵信尼は家事・育児も覚えていったものと思われる。

建暦元年(一二一一)十一月十七日、流罪が解かれた。ところが親鸞と恵信尼は京都に戻らなかった。親鸞は信心の境地を深めており、それを関東の人々に伝えたいと考えていたからである。恵信尼もそれに賛同した。しかし小黒女房と信蓮房という二人の子も誕生していた。あてのない旅になど出られず、生活の保証が必要であった。

四、関東に移住

やがて下野国中部・南部から常陸国笠間郡の大領主宇都宮頼綱が招いてくれた。頼綱は法然の最晩年の有力門弟で、法名を実信房蓮生と名のっていた。親鸞より五歳の年下である。親鸞の法弟ということになる。

建保二年（一二一四）、四十二歳の親鸞と三十三歳の恵信尼一家は越後を出発し、常陸国に向かった。途中上野国佐貫において、親鸞は人々のために浄土三部経を千回読み始めたが、四、五日ばかりで取りやめるという事件もあった（第五通）。

また恵信尼は、常陸国下妻の幸井郷で親鸞が観音菩薩の生まれ変わりであるという夢を見ている（第三通）。貴族の姫君である恵信尼は京都から越後へ、やがて関東へと下る間の苦労を背景に、いろいろと思うこともあったのであろう。この夢によって、親鸞とともに関東で生きていく決心を最終的に固めたと推定される。

親鸞が関東で住んだとされるのは、小島草庵・大高山・稲田草庵・笠間草庵・霞ケ浦草庵・大山草庵・三谷草庵・佐貫草庵などさまざまあるが、そのすべてに子どもを連れた恵信尼が同行したとはとても思えない。親鸞との間には、さらに日野有房、高野禅尼、覚信尼という三人の子も誕生している。

京都や越後と気候も違えばことばも異なる関東の地でありながら、親鸞はしだいに門弟を増やしていった。また五十二歳の元仁元年（一二二四）には『教行信証』を執筆した。この間、恵信尼は、草庵に出入りする門弟や近所の人たちと親しく接したようである。そしてその人たちから尊敬されるに至った。それは恵信尼の人柄と、一家を運営する能力と、信心をもととする念仏によるものであろう。現在に残っている恵信尼を描いた古い絵像は、すべて関東で所蔵されてきた。それらはみな穏やかで好ましい表情の恵信尼像である。これは彼女が関東の人々に尊敬され好かれたからなのではなかろうか。

五、越後に移住

貞永元年（一二三二）のころ、親鸞は一人で京都に戻った。恵信尼や子どもたちは残り、やがて越後に向かった。実家から譲られた領地があったからである。恵信尼は、信蓮房には栗沢にある領地を管理させ（第九通・第十通に「くりさわ〈栗沢〉」の信蓮房と出る）、有房には益方にある領地を管理させている（第三通・第七通に「ますかた〈益方〉」と出る）。娘の小黒女房は小黒にある領地を管理させたか、あるいは小黒に住む男性と結婚させている（第三通に「おぐろの女ばう〈小黒女房〉」と出る）。高野禅尼だけは現存の恵信尼文書には出ていないが、日野一流系図などに「高野禅尼」として示されている。末娘の覚信尼はやがて京都に上って太政大臣久我通光家に仕えるようになった。

越後における恵信尼の生活は、それから三十数年間にわたった。農村の領主としての生活であった。恵信尼文書には農村の凶作の状況も記され（第三通）、恵信尼にとっては孫である小黒女房や有房の子どもたちのこと（第三通・第七通）や、覚信尼に譲ると約束した下人たちの様子もこまごまと書かれている（第一通・第二通・第七通・第八通・第九通・第十通）。

恵信尼が五輪塔を建てたがっていたこと（第七通・第八通）や、「よみじ小袖」（第九通・第十通）や手紙の運ばれ方など、実生活に関する興味深い事がらも書かれている。

そして京都に住む覚信尼を懐かしがっていたことも記されている（第八通・第十通）。

文永五年（一二六八）、八十七歳の恵信尼は、現存第十通目の手紙を書いたのを境に消息を絶った。その最後の手紙には、「わが身はごくらくへたゞいまにまいり候はむずれ」（私はこれから極楽へ往生します）とある。さらにその極楽とは「なにごともくら（暗）からずこそ候はんずれ」（どんなことでも、景色でも、暗くはない所でしょうよ）と述べている。恵信尼が最晩年に有していた、ささやかで透明な極楽浄土観である。

恵信尼文書

第一通

〔解　説〕

第一通は、越後の恵信尼から京都の覚信尼に宛てた手紙で、手紙の形をとった財産譲状である。建長八年（一二五六）は、恵信尼七十五歳、覚信尼三十三歳、親鸞八十四歳。

譲る財産にも領地や権利などいろいろとあるが、この第一通は恵信尼が所有している下人（後述）を覚信尼に譲るという内容である。譲る下人は、女六人、男一人で、それらの名前や家族関係が書かれている。

下人は成人しても「わらは（童）」と呼ばれていること、下人から生まれた子が男か女かによって所属先が異なること、譲状とするための必要条件など、興味深い社会慣行もうかがえる。

恵信尼は、父親の三善為教から越後国にある領地を相続したと推定される。彼女はその領地からの収入で生活しているのである。ただ、その領地は覚信尼以外の子どもたちに相続させる予定だったようで、覚信尼に譲った気配はない。恵信尼文書十通には、覚信尼に譲る財産として、下人のことのみが記されている。

(原　文)

もんぞ①も、やかせ給てや候らんとて、申候。それへまいる②べきものは、けさ③と申候めのわらは④(1)、としさん十六、又そのむすめなでし⑤と申候は、ことし十六。又、九になり候むすめと、おや子さんにん候也。又、□□つれ、そのむすめのいぬまさ⑥、ことし十二。又、ことり⑦と申おんな、としさん十四。又、あんとうじ⑧と申おとこ。

さて、けさにことしみつになり候おのこゞは、人の下にん⑨(2)にぐして⑩うみて候へば、ちゝおやに取らせて候也(3)。おほかたは、人の下にんにうちのやつばらのぐして候は、よにところせき事⑪にて候也。

已上、合、おんな、六人、おとこ、一人、七人なり。

けんちやう八ねん、ひのえたつの年、七月九日

(恵信尼の花押(4))

(意　訳)

(以前にあなたに渡した下人の)譲状も焼けてしまっただろうと思って、あらためて譲る内容を書いて送ります。あなたに譲る下人は以下のとおりです。まず、

①**もんぞ**(**文書**)　証文。譲状。

②**まいる**　差し上げるという意味。

③**けさ**(**袈裟**)　女性の名。

④**わらは**(**童**)　下人。現代では「わらわ」と発音する。

⑤**なでし**　女性の名。相当する漢字は不明。

⑥**いぬまさ**(**犬政**)　女性の名。

⑦**ことり**(**小鳥**)　女性の名。

⑧**あんとうじ**(**安藤次**)　男性の名。

⑨**下にん**(**下人**)　召使いで、主人の財産とみなされた人々。

⑩**ぐして**(**具して**)　夫婦になって。

⑪**よにところせき事**　とても面倒なこと。

「けさ」という名の女がいます。年は三十六です。また、その娘の「なでし」という者も譲ります。今年十六歳です。他に九歳の娘がいまして、親子三人です。また□□という名の女と、その娘の「いぬまさ」もいます。今年十二歳です。また、「ことり」という女もいます。年は三十四です。「あんとうじ」という男もいます。

ところで、「けさ」の今年三歳になった男の子は、他人の家の下人と夫婦関係になって産んだ子でしたので、父親に引き取らせました。だいたい、他の家の下人とうちの下人が夫婦関係になるのは、実に面倒なことです。

以上、女六人、男一人、あわせて七人です。

建長八年丙辰年七月九日　(恵信尼の花押)

(原文注)

(1)**わらは**(童)

①男女ともに元服していない子ども。三歳から十五、六歳まで。②下人、③下人の子、④寺院などに所属する稚児などの意味があるが、恵信尼の手紙では②の意味で使用されている。大人と子どもと、両方の場合に使用されている。

また特に女性の下人を指す場合に「めのわらは(女の童)」「めならは(女童)」ということもある

が、現代風の童女ではない。

(2)下にん(下人)

平安時代中期から使われた用語。主人(主家)に人格的に隷属し朝夕に召し使われていた人々。主人の財産として他人に譲ることも行われていた。奈良時代以降の朝廷の法律で奴婢と呼ばれた人々にあたる。

(3)さて、けさに……ちゝおやに取らせて候也

奈良時代以降の朝廷の法律(大宝律令や養老律令などの律令)では、人は良民と賤民に分けられていた。良民は貴族や農民、その他自立して生活ができる人たちである。賤民は奴隷というべき身分の人たちで、良民に隷属し、生活の自由はなかった。賤民の男は奴(「ぬ」または「やっこ」)といい、女は婢(「ひ」または「はしため」)と呼ばれ、良民との結婚は禁止されていた。

朝廷の法律では、婢から生まれた子どもは、男女を問わずその婢に付けたが、平安時代中期から鎌倉時代にかけて、この法律に基づく慣行が崩れた。婢と、夫婦関係となった奴の主人が同じ人物である場合は問題がなかった。生まれた子どもは無条件にその主人の所有になったからである。

しかし奴の主人と婢の主人が異なる場合は、生まれた子どもの帰属が問題となる。

鎌倉時代に成立した武家法である御成敗式目では、婢から生まれた子は、男ならば奴に、女ならば婢に付けよ、としている。

御成敗式目第四十一条「奴婢雑人の事」に、

奴婢生むところの男女の事(中略)男は父に付け、女は母に付くべきなり。

とある。地方の荘園はだいたい現地の武士が支配している。鎌倉幕府に所属していない武士も多いが、御成敗式目は武士の慣例を法制化した傾向が強い。したがって、婢が産んだ女の子は母親である婢のもとに残しておいてよいが、男の子は乳幼児の時期が過ぎるころに父親の奴のもとに引き取られることになるのである。

父親が武士や農民など、律令風にいえば良民であるのも事実上認められていた。そこで生まれた子も男ならば父親に付け、女の子ならば母親に付ける慣例であった。男の子と女の子では身分が異なることとなる。

第一通本文中の恵信尼が所有する「けさ」という下人には、十六歳と九歳の女の子、および三歳の男の子がいた。しかしその男の子は「人の下にん」つまりは他家の下人の男と男女関係になって産んだ子だったので、乳幼児の時期が過ぎる三歳(数え年)のころに男の方に引き取られた。当然、母親の「けさ」は渡したくないだろうし、嘆くことが目に見えている。また男の子も母から引き離されて不安であろう。恵信尼は「よにところせき事」(とても面倒なこと)という感想を漏らすことになる。恵信尼も「けさ」に同情している。しかし男の子を渡さないわけにはいかない。

(4)けんちやう八ねん、ひのえたつの年、七月九日（恵信尼の花押）

平安時代から鎌倉時代にかけての個人から個人への手紙は、年月日・花押が捺されているものと、月日・花押のみのものとに分けられる。前者(たとえば建長八年七月九日・花押)は法律上の有効性を持っている。裁判になった時の証拠文書(証文)にできる。それらの手紙には、だいたい、領地や下人を譲る・与える、などということが書いてあることが多い。譲状である。証文にする必要がない内容ならば、後者の月日・花押のみにする習慣であった。署名は一般的にはするのが普通であるが、証文としては署名より花押が重視された。他人の花押はまねをするのが難しいという前提があったのである。

第一通は、形は手紙であるが、内容は恵信尼が下人七人を覚信尼に譲るとする譲状の性格を持っていた。

第二通

〔解　説〕

第二通は、第一通と同じく、恵信尼から覚信尼宛の、手紙の形式をとった下人の譲状である。第一通（建長八年七月九日付）から二か月あまり経って書いたものである（同年九月十五日付）。恵信尼七十五歳、覚信尼三十三歳、親鸞八十四歳。

第一通には宛所（宛名）が書いてなかったが、第二通には「わうごぜんへ」とあり、覚信尼に与える譲状であることをはっきりさせている。

この第二通には、覚信尼に譲る下人が八人になっている。第一通では七人であったが、手紙の後半でそのことの理由を説明している。

また追って書き（追伸）によって、恵信尼が最初に譲状を書いたのがこの建長八年（一二五六）より二年以上前であったことが判明する。恵信尼は、おそらくは実家の三善家から譲られた領地を所有していたはずであるが、覚信尼には下人だけを譲ったようである。最初の譲状には「いづも」という名の女の下人も含まれていた。しかし実際には譲れなくなった事情と、その手当をしたことを、この追って書きに花押を捺して記し、覚信尼に確認させている。恵信尼は他にも下人を所有している様子である（こちらは他の子どもに譲るのであろう）から、あとで相続争いが起きることを懸念しているのである。また領地は他の子どもたちに譲ったと推定される。

（原　文）

わうごぜん①(1)にゆずりまいらせて②候し下人③どものせうもん④を、せうまう⑤にやかれて候よしおおせられさふらへば、はじめたより⑥(2)につけて申て候しかども、たしかにや候はざるらんとて、これはたしかのたよりにて候へば申さふらふ。

まいらせて候し下人、けさおんな、⑦(3)おなじきむすめなでしめならは、⑧(4)とし十六。そのおとゝ⑨いぬわうねのわらは、⑩年九。まさおんな。おなじきむすめいぬまさ、⑪とし十二。そのおとゝ、年七。又、ことりおんな⑫。又、あんとうじ男。⑬(5)

已上、合大小八人なり。これらは、ことあたらしくたれかはじめてとかく申候べきなれども、げす⑭はしぜん⑮(6)の事も候はんためにて候也。

建長八年九月十五日　　ゑしん（花押）

わうごぜんへ

①**わうごぜん（王御前）**　覚信尼の名。「わう」は現代では「おう」と発音する。

②**まいらせ（参らせ）（る）**　差し上げる。

③**下人**　第一通の注（2）参照。

④**せうもん（証文）**　証拠の文書。譲状。現代では「しょうもん」と発音する。

⑤**せうまう（焼亡）**　火事のこと。現代では「しょうもう」と発音する。

⑥**たより（便）**　ついで。よ

又、いづも⑯がことは、にげて候しのちはさうたいなき事⑰にて候うへ、こ一人も候はぬうへ、そらう⑱のものにて候が、けふともしらぬもの⑲にてさふらへども、おとゞしそのやうは申て物まいらせて候しかば、さだめて御心へは候らむ。御わすれ候べからず候。あなかしこ、〳〵。

（恵信尼の花押）

いまは、あまりとしより候て。てもふるへて、はん⑳(7)などもうるはしくは、しへ候はじ。さればとて御ふしんはあるべからず候。

（恵信尼の花押）

〔意　訳〕

おうさんにお譲りした下人たちの譲状は、火事で焼けてしまったと仰っていましたので、都へ行く人に託して以前にあらためてお送りしました。でも届いていないかもしれないと気になっていましたところ、確実に届けてくれる人がいましたので、あらためてお送りします。

あなたに譲りました下人は、「けさ」という名の女、その娘の「なでし」という女の子の年は十六歳、その妹の「いぬわう」という女の子は、年が九歳です。それから、「まさ」という名の女、その娘の「いぬまさ」、年は十二歳です。その

い機会。

⑦**けさおんな**（**袈裟・女**）「けさ」は女性の名。

⑧**なでしめならは**（**なでし・女童**）「なでし」は女性の名。

⑨**おとゝ**　兄弟・姉妹のうちで年下の者。弟または妹。「おと」ともいう。年上の者は「え」という。

⑩**いぬわうねのわらは**（**犬王女童**）「いぬわう」は女性の名。「ねのわらは」は注(4)の「めならは」と同じ。「いぬわう」は現代では「いぬおう」と発音する。

⑪**いぬまさ**（**犬政**）　女性の名。

⑫**ことり**（**小鳥**）　女性の名。

⑬**あんとうじ男**（**安藤次・男**）「あんとうじ」は男性の名。

⑭**げす**（**下衆**）　下人。召使いや身分の低い者。

⑮**しぜん**（**自然**）「多くの

弟もいます。こちらは年が七歳です。また、「ことり」という名の女。そして「あんとうじ」という名の男。

以上、合わせて大人と子どもで八人です。（前の譲状では七人でして人数が異なりますので、詳しくはあらためて事情を説明しなければならないのですが、）下人の間では思いがけず人数が変わってしまうこともあるのです。

建長八年九月十五日　ゑしん（花押）

「おう」さんへ

追伸　あなたに譲った下人の「いづも」のことにつきまして。彼女は逃げてしまったのですが、連れ戻そうかどうしようか、はっきり決めていませんでした。「いづも」の代わりをあなたに譲ろうにも、彼女には子どもが一人もおりませんし、本人は重病で、今日明日にも死ぬかもしれない状態です。一昨年、「いづも」が逃げたことをお知らせし、その代償にあなたに品物を差し上げました。きっと覚えていらっしゃることと思います。お忘れにならないでくださいね。

あなかしこ、あなかしこ。（恵信尼の花押）

今ではあまりに年を取ったので手が震えます。花押などもきれいには捺せません。でもだからといって、この譲状が偽物ではないかと疑問を持たないでくださいね。（恵信尼の花押）

ことがある中ではあり得る」「万一」などという意味。

⑯**いづも**（**出雲**）　女性の名。

⑰**さうたいなき事**（**正体なき事**）　「どのように処置しようか、私の心が正しく決まらない事」という意味。「さうたい」は現代では「しょうたい」と発音する。

⑱**そらう**（**所労**）　病気。現代では「しょろう」と発音する。

⑲**けふともしらぬもの**（**今日とも知らぬ者**）　今日の命もわからない者。重病の者。「けふ」は現代では「きょう」と発音する。

⑳**はん**（**判**）　花押。「書き判」ともいう。日本風のサインである。「判」は「書く」とはいわず、「捺《お》す」といった。

〈原文注〉

（1）**わうごぜん**（王御前）

この第二通によって、覚信尼の俗名が「わう」であることがわかる。「わう」はこの時三十三歳で、まだ出家していないこともわかる。「ごぜん」は女性に対する敬称。女性のみでなく、男性に対しても使った。遊女に対して使うこともあった。

（2）**たより**（便）

この場合は、「何かの用事で京都へ行く、手紙を送り届けるのを引き受けてくれる人」のこと。一般的には、「たより」は手紙という意味で使われることも多いが、恵信尼文書ではそのような使い方はしていない。

（3）**けさおんな**（袈裟女）

名前の下に「おんな（女）」をつけるのは、下人の身分であることを表している。

（4）**なでしめならは**（なでし女童）

「めならは（女童）」は女性の下人であることを表す。

（5）**あんとうじ男**（安藤次男）

名前の下に「おとこ（男）」をつけるのは下人の身分であることを表している。

（6）**しぜん**（自然）

下人の間では、逃亡・寄宿なども多かったのであろう。見知らぬ他人の家に泊めてもらうと、それだけで下人として扱われることもあった。

（7）**はん**（判）

現代で使う「判」「はんこ」「印鑑」は、「印」と称していた。

第三通

＊第三通は長文のため、全体を（A）から（E）の五つに分けて検討した。

〔解　説〕

第三通は、弘長二年（一二六二）十二月一日付の覚信尼の手紙に対する恵信尼の返事で、翌年の弘長三年（一二六三）二月十日より少し前に書かれたものである。この時恵信尼は八十二歳で、覚信尼は四十歳である。親鸞は弘長二年十一月二十八日に九十歳で亡くなっている。

この手紙では、まず、親鸞はまちがいなく極楽に往生したと伝える（Aの部分）。続いて親鸞が二十年間修行した比叡山延暦寺を下り、京都六角堂に籠って本尊観音菩薩のお告げを得たこと、法然のもとに入門してその専修念仏の教えを奉ずるようになったことが記される。法然に対する心からのゆるぎない信頼も語られている（Bの部分）。

続いて、恵信尼と親鸞一家が越後から関東へ移った時、常陸の下妻の幸井郷で恵信尼が夢を見たこと、それは親鸞は観音菩薩の生まれ変わりであるという夢であったことが語られる。したがって、親鸞は極楽浄土に往生したことは疑いないとする（Cの部分）。

次には恵信尼が住んだ越後の飢饉の惨状が語られている。恵信尼の住所も変わらざるを得なかったこと、益方（日野有房）以下子どもたちの生活も困難で、世間一般も同じだと語る。その中で、恵信尼のもとには小黒女房の遺児や益方の子どもたちがいて、自分は母親のような気持ちだと、ほほえましい様子も語っている（**Dの部分**）。

ただしこの越後の状況を語った部分は、他の時に覚信尼に送った手紙の一部が紛れ込んで貼り合わされたようである。

最後に、親鸞が六角堂で得た観音菩薩のお告げを同封するとして手紙を結んでいる（**Eの部分**）。内容的には追伸である。

この追伸の部分に、「殿（親鸞のこと）のひへのやま（比叡山）にだうそう（堂僧）つと（勤）めておはしましけるが」とあるのは、親鸞の延暦寺での活動を知ることのできる唯一の確実な史料である。

（原文A）

こぞ①の十二月の御ふみ②、同はつかあまりにたしかにみ候ぬ。なによりも殿③の御(1)わうじやう、中〳〵④はじめて申におよばず候。(2)

①**こぞ**（**昨年**） 昨年。
②**ふみ**（**文**） 手紙。
③**殿**（**との**） 貴族や武士の妻が夫を呼ぶことば。
④**中〳〵** とうてい（下に

(意訳A)

あなたの昨年の十二月一日のお手紙を、同じ月の二十日過ぎに、確かに読みました。特にあなたのお父様の極楽へのご往生については、いまさらどちらでしょうかという問題ではなくて、往生されたことは疑いありません。

打消しのことばを伴って)〜ではない。いまさら(同)〜ではない。

(原文注A)

(1)**殿**(との)

八十二歳の恵信尼が、越後と京都と別れて住んでいても、ずっと親鸞を夫としてみていたことを示している。

(2)**なによりも……申におよばず候**

覚信尼が、親鸞は極楽へ往生できなかったのではないか、という不安を覚えていたことを示している。平安時代から鎌倉時代にかけて、主に貴族社会では、亡くなった人は臨終正念でないと極楽へ往生できなかったと考えられていた。臨終正念とは、臨終に穏やかに念仏を称えて息を引き取ることである。病気などで苦しそうな様子で亡くなった場合は極楽へ往生できなかったとみられたのである。また、臨終後、①西の方から心地よい音楽が聞こえてくる、②西の空に紫雲(紫色の雲)がたなびく、③よい香りがする、という三つの状況(瑞祥)があれば、まちがいなく極楽往生したとみられていた。三つ全部でなくても、一つでもよかった。親鸞の信仰はこのような考え方を否定するものであったが、少女のころから貴族社会で生活していた覚信尼は、臨終正念と瑞祥を当然視していたのであろう。「親鸞の娘が臨終正念と瑞祥を認めていたはずはない」と決めつけるべきではない。まだ一定の教義を持つ教団は成立していない。しかし恵信尼は明確に「あなたのお父様が極楽往生したことはまちがいない。それはいまさらいうまでもないことです」といい切り、以下、その理由を説明しているのである。

(原文B)

やま①(1)をいでゝ、六かくだう②(2)に百日こもらせ給て、ごせをいのらせ給けるに、九十五日のあか月③④(3)、しやうとくたいしのもんをむすびて、じげん⑤(5)にあづからせ給て候ければ(4)、やがてその⑥(6)あか月いでさせ給て、ごせのたすからんずるえんにあいまいらせんと、たづねまいらせて、⑦ほうねん上人にあいまいらせて、(7)又、六かくだうに百日こもらせ給て候けるやうに、

また、百か日、ふるにもてるにもいかなるたい風⑧(8)にもまいりてありしに、たゞごせの事は、よき人にもあしきにも、おなじやう⑨(9)に、しやうじ⑩いづべきみち⑪をば、たゞ一すぢにおほせられ候しをうけ給はりさだめて候しかば、しやうにんのわたらせ給はんところには、人はいかにも申せ、たとひあくだう⑫

①**やま（山）**　比叡山延暦寺。
②**六かくだう（六角堂）**　頂法寺の六角堂。「だう」は現代では「どう」と発音する。
③**あか月（暁）**　朝、まだ太陽が昇っていない真っ暗な時間帯。午前三時、四時、五時ころ。
④**九十五日のあか月**　午前零時から一日が始まる今日風にいえば、「九十六日」の暁になる。
⑤**じげん（示現）**　仏・菩薩が出現すること。仏・菩

にわたらせ給べしと申とも、せゝしやうじにもまよいければこそありけめ[10]、とまで思まいらするみなればと、やう〳〵に人の申候し時もおほせ候しなり。

（意訳B）

あなたのお父様が比叡山を下りて、六角堂に百日の予定で参籠されて、本尊の観音菩薩に来世の極楽往生を祈られました。すると九十五日目の暁、お父様が聖徳太子についての願文を唱え終った時、観音菩薩が出現されてお告げをくださいました。そこですぐさま、まだ真っ暗いうちに六角堂を出て、来世で往生できる縁にお会いしたいと探し求めて、吉水草庵で法然上人にお目にかかりました。私はこのようにあなたのお父様から聞いています。

そしてまた、六角堂に百日の予定で参籠されたように、また百か日、雨が降っても、暑い日差しの下でも、どんな大風が吹いても吉水草庵に通われました。その時法然上人から、来世については、善人であっても悪人であっても同じように極楽へ往生できる道はただ一つ念仏であるとのみ承り、「ああ確かにそのとおりだ」と心に思い決められたのです。私もその場面におりました。

薩が出現して教え示すこと。

⑥**やがて**　すぐさま。

⑦**たづねまいらせて**　探されて。

⑧**たい風**　大風。

⑨**よき人にもあしきにも**　善人にも悪人にも。

⑩**しやうじ**（**生死**）　生き死にを繰り返す迷いの世界。現代では「しょうじ」と発音する。

⑪**しやうじいづべきみち**（**生死出づべき道**）　迷いの世界を出て悟りの世界に入る方法。専修念仏のこと。

⑫**あくだう**（**悪道**）　餓鬼道・畜生道・修羅道・地獄道など、罪悪を犯した結果として次の世で赴く世界。現代では「あくどう」と発音する。

あなたのお父様は、「法然上人がおいでになる所には、他人がどのように悪口をいっても、ついていきます。法然上人のおいでになる所が地獄や餓鬼の世界であるかもしれません。でも私は過去に無数の迷いの世界を経てきたのです。もしまた地獄などの迷いの世界へ堕ちても、そのようになることになっていたのでしょうから、私は法然上人を信じて絶対についていきます、信頼申し上げておりますから」と、ある人が「念仏を称えるだけでは往生できませんよ、法然上人についていくのはおよしなさいよ」などといった時に答えておられたのを、私も聞いていました。

〈原文注B〉

（1）**やま**（山）

「やま」といえば、京都の人たちにとっては「比叡山」であることを示している。恵信尼が京都の貴族出身であることを裏付けている。

（2）**六かくだう**（六角堂）

六角堂は聖徳太子の創建にかかるといわれていて、親鸞の六角堂参籠は聖徳太子信仰によるとの説がいわれてきた。しかし当時、六角堂は観音信仰の寺院として有名であった。たとえば後白河法皇の『梁塵秘抄』に収められている今様に、次のようなものがある。

観音験を見する寺　清水・石山　長谷のお山

京都・六角堂

粉河・近江なる彦根山　ま近く見ゆるは六角
堂

「観音験を見する寺」というのは、「観音菩薩に祈ると、それに応えていろいろありがたい効果を顕わしてくださるお寺」という意味である。「それは清水寺であり、石山寺であり、長谷寺であり、粉河寺であり、彦根寺であり、すぐ近くにある六角堂である」というのである。

今様とは当時の流行歌で、遊女からこれを習った後白河法皇は寝食を忘れて、また歌いすぎてのどから血が出ても歌ったという。その今様を法皇が集めたのが『梁塵秘抄』である。

京都の中心街の人々にとって、特に六角堂の観音菩薩こそ、信仰上の悩みや迷い、不安を解消してくれるありがたい存在だったのである。『梁塵秘抄』には、次の今様もある。

験仏の尊きは　東の立山・美濃なる谷汲の彦
根寺

志賀・長谷・石山・清水　都に真近き六角堂

当時は、寺院・神社などを列挙するとき、特に強調したい寺院・神社は最後にあげる慣例であった。この今様でも、最後に「都に真近き六角堂」と歌い上げている。

ただ親鸞が六角堂に参籠したのは、「ごせをいの」るためであった。つまり阿弥陀仏の極楽浄土へ往生したいがためであった。それなら、阿弥陀仏を本尊とする寺院に参籠すればよさそうなものである。しかし観音菩薩を本尊とする六角堂に参籠した。それはなぜか、という観点が従来の研究では欠けていた。

このことについて解答を与えたのが小山聡子氏である。氏は、極楽浄土へ往生したいのだったら阿弥陀仏の脇侍としての観音菩薩にお願いする習慣があった、ということを明らかにされた（『護法童子信仰の研究』自照社出版、二〇〇三年）。

六角堂に百日の予定で参籠したからには、出現して極楽浄土往生についてのお告げをくださるのは、観音菩薩でなければなるまい。親鸞が期待したのは阿弥陀仏でもなければ、まして聖徳太子でもない。聖徳太子がいくら観音菩薩の生まれ変わりという説があるにしても、である。

平安時代末期から鎌倉時代の天台宗の僧侶は、共通して聖徳太子信仰を持っていた。親鸞だけではない。その中で、晩年の親鸞が他の僧侶にもまして強い聖徳太子信仰を抱いていたことは、親鸞作の多くの聖徳太子和讃によって明らかである。

しかしながら、親鸞が和讃を書き始めたのは七十六歳の時からである。聖徳太子和讃も、それから十年間の間に書いたものばかりである。その強い聖徳太子信仰を、検証なしに、親鸞がそっくりそのまま五十歳も前の二十代の時までさかのぼらせて持っていたとすることができるかどうか、私たちは自分のこととして考え直してみなければなるまい。

（3）あか月（暁）

明け方のまだ真っ暗な時間帯。季節によっても異なるが、ほぼ現在の午前三時、四時、五時ころである。一方、太陽が昇り始めて東の空が明るんでくる時間帯は曙である。現代では、それも暁と思われている。つまり、暁と曙を混同してしまったのである。

また当時の一日は、日の出とともに始まった。したがって、たとえば現代の一月十五日の午後十二時（午前零時）はまだ今日であったし、現在では翌日である一月十六日の午前二時になっても三時になっても四時になっても、当時はまだ一月十五日であった。季節によって東の空に太陽が昇る時間は異なるけれども、太陽が出てきてはじめて一月十六日になったのである。

そのころは一日二十四時間を十二の刻に分けていた。それらは動物の名をつけて呼ばれていた。たとえば午の刻とか丑の刻などである。午は昼間の十二時を挟んだ二時間、真ん中が正午で十二時である。丑の刻は午前一時から三時で、「草木も眠る丑三つ時」などというのは午前二時ころのことである。丑の刻の次が午前三時から五時までが寅の刻である。寅の刻が前述の暁にあたる。

そして寅の刻すなわち暁こそ、神・仏が人々の前に出現してお告げをくださる神聖な時間帯であった。『梁塵秘抄』に次の今様がある。

仏はつねにいませども　現ならぬぞあはれなる
人の音せぬ暁に　ほのかに夢に見え給ふ

「仏は二十四時間中、いつもいらっしゃるのだけれども、現実には見えないのが趣深いのです。人が眠ってしまって声も聞こえない暁にかすかに夢の中に現れてくださるのです」。『梁塵秘抄』の編者後白河法皇は、建久三年（一一九二）に六十六歳で亡くなっている。親鸞が二十歳の時である。『梁塵秘抄』の示す「神と仏は暁に夢の中に現れる」という感覚は、まさに親鸞の住んだ時代の人々の考え方であったのである。

親鸞八十五歳の時に作った、「弥陀の本願信ずべし」で始まる「夢告讃」の詞書（前書き）にも、「康元二歳丁巳二月九夜、寅の時の夢に告げて云はく」（寅の刻にどなたかわかりませんが、仏がお告げをくださって仰ることには）とあるのは、仏のお告げはやはり暁という神聖な時間帯にいただくものという通念があったことを物語っている。

親鸞が六角堂の本尊観音菩薩からお告げをいただいたのが「あか月」であったのは 偶然ではなかったのである。

（4）しやうとくたいしのもんをむすびて、じげんにあづからせ給て候ければ（聖徳太子の文を結びて、示現に与からせ給て候ければ）

意味するところは、「親鸞が聖徳太子に関する呪文を唱え終った時に、観音菩薩が出現してくださった」ということである。

「聖徳太子が、お告げを書いた紙を包んだ用紙（包紙）の端を捻って（結んで）親鸞に手渡そうとしつつ、出現した」という内容の解釈もあるが、広く日本史の諸史料にあたっても、そんな面倒なお告げの渡し方など見たこともない。捻りをもとに戻して包紙を開いているうちに、お告げの文章を読む前に夢など覚めてしまう（「包紙の端を捻って結ぶ」こと自体は、一つの正しい包紙の結び方である。私も大学の古文書学の授業で講義をしていた）。

「あづかる」は、「目上の人から受ける、いただく」という意味であるが、主語はこの手紙の他の部分と同じく、親鸞である。「しやうとくたいし」が主語ではない。「親鸞が、（聖徳太子についての呪文を唱え終った時に、観音菩薩の）示現をいただいた」となるのであって、「聖徳太子が、お告げを入れた包紙を捻って、示現をいただいた」というのは文章としても奇妙である。

（5）じげん（示現）

この時示された教えが、通称、「行者宿報の偈」であるという。それは、『親鸞伝絵』に親鸞が六角堂の観音菩薩から与えられたとして記してある、

行者宿報設女犯
我成玉女身被犯
一生之間能荘厳
臨終引導生極楽

第一句：もしそなた親鸞が、前世からの因縁によって、戒律では禁止されている結婚をすることになったならば、
第二句：私がすばらしい女性となってあなたの妻になりましょう。
第三句：そして一生の間よい生活をさせてあげましょうし、
第四句：臨終には手を執って極楽浄土へ導いてあげましょう。

という偈文であろうと考えられている。

そうではなくて、「聖徳太子の廟窟の偈（「三骨一廟の文」ともいう）」であろうという説もある。これは聖徳太子の墓である磯長廟の中の石の壁に太子自身が彫りつけたといわれている。それは左のような、一句が七文字で全体は二十句という長い文章である。

大慈大悲本誓願　愍念衆生如一子　是故方便
従西方　誕生片州興正法
我身救世観世音　定慧契女大勢至　生育我身
大悲母　西方教主弥陀尊
真如真実本一体　一体現三同一身　片域化縁
亦已尽　還帰西方我浄土
為度末世諸衆生　父母所生血肉身　遺留勝地
此廟窟　三骨一廟三尊位
過去七仏法輪所　大乗相応功徳地　一度参詣
離悪趣　決定往生極楽界

これは夢告にしてはあまりに長い文章である。また聖徳太子の伝記によって、すでに世の中に知られていた。つまり親鸞が長い参籠の末「九十五

日のあか月」に観音菩薩からいただき、その後の人生を決定するほどの衝撃を受けた文章にしては新鮮味がない。

この「廟窟の偈」が、親鸞が唱えた「しやうとくたいしのもん」であったとするならば、その可能性はあろう。

(6)やがて

現代日本語のように、「少し時間をおいてから」または「ゆっくりと」という意味はない。親鸞は観音菩薩のお告げをいただいたら、すぐさま、まだ真っ暗なうちに六角堂を飛び出したのである。

(7)ごせのたすからんずるえんにあいまいらせんと、たづねまいらせて、ほうねん上人にあいまいらせて(後世の助からんずる縁に会いまいらせんと、尋ね参らせて、法然上人に会いまいらせて)

意味するところは「後世に極楽往生できる縁に会いたいと探し求められて、法然上人にお会いになって」ということである。

六角堂を出た親鸞は、直接法然の吉水草庵を訪ねたのではなく、「たづねまいらせて」とあるように、訪問先を探し求めたのである。ただし、法然は東山吉水草庵で二十年以上にもわたって専修念仏の教えを説き、大きな人気を博していた。親鸞がそのことを知らないはずがない。しかし二十年間天台宗の修行を続けてきた身としては、それらの修行を全否定するに近い教えを説く法然を、六角堂を出てすぐさま訪ねるのがためらわれたのであろうか。

法然を訪ねたのは「六角堂の参籠で出現した聖徳太子の指示による」説は、史料的な根拠がない。また、「比叡山での修行仲間であった先輩の聖覚の導きによる」という説は、話としてはおもしろいが、江戸時代になってからの史料に初めて出てくる説で、それゆえ歴史的な事実としてはなおさら信用しがたい。

聖覚は五十代後半以降の親鸞が大変尊重した

『唯信抄』の著者である。

(8)たい風

「風」について、従来は原文を「事」と読んで「だい（大）事」と読む説が強かった。この文字は「事」にも「風」にも、いずれにも読める。ただその前文の「ふる（降る）にもてる（照る）にも」と合わせて、雨が多く降る時期（七月）、暑い日照りの時期（八月）、台風の時期（九月）と考える方が妥当にみえるので、本書では「風」を採用した。

吉水草庵訪問百日間の前に、親鸞はこれまた百日間の予定で六角堂に参籠している。その百日間は、寒さが緩んで参籠しやすい四月・五月・六月だったと推測することもできよう。

(9)よき人にもあしきにも

これは悪人正機説ではないが、『歎異抄』にみられる悪人正機説は親鸞だけの思想ではなく、法然とその門下に共通した考え方であった（末木文美士『日本仏教思想史論考』大蔵出版、一九九三年）。

(10)しやうにん（上人）のわたらせ給はんところには、人はいかにも申せ、たとひあくだう（悪道）にわたらせ給べしと申とも、せゝしやう〴〵（世々生々）にもまよ（迷）いければこそありけめ

意味するところは「法然上人がいらっしゃる所でしたら、他人はどのように悪くいっても、たとえそれが地獄などであっても、これから生まれ変わるどのような世界においても、決して迷うことはありません」という内容である。親鸞はこのように法然に対する心からの信頼を語っている。

この信頼は、『歎異抄』第二章にも親鸞が語ったとして同様に示されている。

> たとひ法然聖人にすかされまひらせて、念仏して地獄におちたりとも、さらに後悔すべからずさふらう。

「もし法然上人に騙されて念仏を称えて地獄に堕ちても、私は決して後悔は致しません」。これは門弟の唯円が聞いた親鸞のことばである。

（原文C）

さて、ひたちのしもつま①と申候ところに、さかいのがう②(1)と申ところに候しとき、ゆめをみて候しやうは、だうくやう③かとおぼへて、ひんがしむきに御だう④はたちて候に、しんがくとおぼえて、御だうのまへにはたてあかし⑤しろく候に、たてあかしのにしに御だうのまへに、とりゐのやうなるによこさまにわたりたるものに、ほとけをかけまいらせて候が、

一たいはたゞ、ほとけの御かほにてはわたらせ給はで、たゞひかりのま中、ほとけのづくわう⑥のやうにて、まさしき御かたちはみへさせ給はず、たゞひかりばかりにてわたらせ給。

いま一たいは、まさしき仏の御かほにてわたらせ給候しかば、これはなにほとけにてわたらせ給ぞと申候へば、申人はなに人ともおぼえず、あのひかりばかりにてわたらせ給は、あれこそほうねん上人にてわたらせ給へ。せいしぼさつにてわたらせ給ぞかしと申せば、

① **ひたちのしもつま（常陸の下妻）** 現在の茨城県下妻市。

② **さかいのがう（幸井郷）** 坂井郷。現在の下妻市坂井。「がう」は現代では「ごう」と発音する。

③ **だうくやう（堂供養）** お堂の落成法要。現代では「どうくよう」と発音する。

④ **御だう（御堂）** 「御堂」とは、一般的な「堂」に「御」という敬称をつけたということではなく、「阿弥陀堂」を意味する。

⑤ **たてあかし（立て明し）** 松明（たいまつ）。

⑥ **づくわう（頭光）** 後頭部

さて又、いま一たいはと申せば、あれはくわんおんにてわたらせ給ぞかし。あれこそぜんしん⑦(2)の御房よと申とおぼえて、うちおどろきて⑧候しにこそゆめにて候けりとは思て候しか。

さは候へども、さやうの事をば人にも申さぬとき丶候しうへ⑶、あまが⑨さやうの事申候らむは、げに〳〵しく⑩人も思まじく候へば、てんせい人にも申さで⑪、上人の御事ばかりをばとのに申て候しかば、ゆめにしなわい⑫あまたある中に、これぞじちむにてある。上人をばしよ〳〵にせいしぼさつのけしんとゆめにもみまいらする事、あまたありと申うへ⑷、せいしぼさつはちゑのかぎりにて⑸、しかしながらひかりにてわたらせ給⑹と候しかども、

くわんおんの御事は申さず候しかども、心ばかりは⑬その丶ちうちまかせては思まいらせず候しなり⑺。かく御心へ候べし。されば御りんずは⑭いかにもわたらせ給へ、うたがひ思まいらせぬうへ⑻、おなじ事なからますかたも⑮御りむずにあいまいらせて候ける、おやこのちぎりと申しながらふかくこそおぼえ候へば、うれしく候〳〵。

から発する光。現代では「ずこう」と発音する。

⑦**ぜんしん（善信）**　親鸞の房号。

⑧**うちおどろきて（打ち驚きて）**　びっくりして目が覚めて。「おどろく」は「目を覚ます」という意味。

⑨**あま（尼）**　恵信尼のこと。恵信尼がすでに出家していることを表している。

⑩**げに〳〵しく（実に実にしく）**　まったく、いかにも真実らしく。

⑪**てんせい人にも申さで（天性人にも申さで）**　はじめから他人に話さないで。「他人に話すつもりは、最初から全然なかった」という気持ちが込められている。

⑫**しなわい（品別）**　種類別。「しなわき（品別）」の音便形。

⑬**心ばかりは**　心だけは。

（意訳C）

ところで、常陸国の下妻の幸井郷という所にいました時、夢を見ました。それは阿弥陀堂の落成供養のようで、御堂は東向きに建っていました。実際には供養の予行のようでした。阿弥陀堂の前には松明が赤々と燃えていまして、その西の御堂の前に鳥居のようなものが建っていました。その鳥居の貫に仏様の絵が二枚かけてありました。

うち一枚の絵の仏様はまったく仏様のお顔ではなく、光だけの絵の真ん中に、仏様の頭光があるような様子で、確かなお顔は見えませず、まったく光だけのようでいらっしゃいました。

もう一枚の仏様は、確かに仏様の顔をしておられたので、「この仏様はどなたでいらっしゃるのでしょう」と尋ねますと、誰かわかりませんが「あの光だけのお顔の仏様は、あれこそ法然上人でいらっしゃいますよ。勢至菩薩の生まれ変わりでいらっしゃいます」と教えてくれました。

「それなら、もう一体の仏様はどなたでしょう」と尋ねてみますと、「あれは観音菩薩でいらっしゃいますよ。あれこそあなたの夫の親鸞さんですよ」と教えられたように思い、びっくりして目が覚めて、「ああ、夢でしたか」と思いました。

そのような夢だったのですけれども、このような霊夢は他人に話すことではな

⑭**御りんず**（**御臨終**）「りんず」は現代では「りんじゅう」と発音する。

⑮**ますかた**（**益方**）親鸞と恵信尼の息子。俗名は日野有房で、出家して道性と称した。越後の益方に住んだ（現在の新潟県上越市板倉区下関田小字升方あるいは同区中之宮桝方ではないかとされている）。

いと聞いております。それに私がそんなことを話しても他人は本気にしないでしょうから、初めからまったく誰にも話しませんでした。ただ法然上人のことだけ、あなたのお父様にお話ししましたところ、「夢にはその性格がいろいろありますが、これは事実を示した実夢ですよ。法然上人は、各地で勢至菩薩の生まれ変わりといわれておりますし、夢の中でもお目にかかったという人がたくさんあります。その上、勢至菩薩は阿弥陀仏の智慧そのもので、同時にまったくの光でいらっしゃるのです」ということでした。

でも私は観音菩薩のことはお話ししませんでした。しかし私は、心の中ではあなたのお父様を普通の人ではなく、観音菩薩がかりに人として姿を現されたと思っておりました。そのように思ってください。ですから、あなたのお父様の臨終のご様子がどのような状態であっても、極楽往生は疑っておりません。

またこの臨終のことに関して、益方（日野有房、道性）もご臨終に間に合われたということは、親子の縁があるとはいいながら、とても深いように思えますので、とてもうれしいです。

（原文注C）

（1）さかいのがう（幸井郷）

坂井は南北一キロ、東西二百メートル（一部は五百メートル）というとても狭い地域である。その周囲は、かつては田または沼地であった。その南端に千勝神社がある。幸井郷には、この千勝神社しか神社の存在が知られていない。恵信尼は夢の中で鳥居を見たのであるが、千勝神社のありさまが夢の中に入ったとすることも可能である。

（2）ぜんしん（善信）

親鸞の房号。房号と法名（親鸞）を組み合わせて、「善信房親鸞」というのが親鸞の正式の名のりである。法然が「法然房源空」と名のるのも同様である。武士でいえば、名前には実名《じつみょう》と仮名《けみょう》とがあった。たとえば源九郎義経なら、仮名が九郎で実名が義経であった。他人は実名を呼んではいけなかった。「義経さん」ではなく「九郎さん」と呼びかけなければならなかった。実名を呼ぶと、

下妻市坂井・千勝神社。ここはかつての「さかいのがう」の地である。

呼ばれた人の精気が吸い取られてしまうと考えられていた。親兄弟であっても、実名を呼んではいけなかった。自分で名のる場合は、「私は義経です」というのが普通であった。

僧侶の世界でも同様で、仮名に相当するのが房号で、実名が法名である。この慣例に基づき、恵信尼の夢の中の声は親鸞のことを「親鸞」とは呼ばずに「ぜんしんの御房よ」と呼んでいる。

親鸞も自分のことを「親鸞」と書き示している。ただ、晩年に「善信」と書いている例もあるので、そのことはこれからの研究課題である。

(3)さやうの事をば人にも申さぬとき丶候

「さやう」は現代では「さよう」と発音する。夫が観音菩薩の生まれ変わりというのは、まさに霊夢である。恵信尼にとっては人生の幸運である。このような霊夢を他人に話すと、その幸運が手元から離れる、逃げて行ってしまうと思われていた。それについて、『曾我物語』にある鎌倉幕府初代将軍源頼朝と妻北条政子の結婚に至るまでの話が非常に興味深い。

北条政子の少女時代、妹が霊夢を得たとある。そのことを聞いた政子は、小袖を妹に与えて霊夢を買い取った。一方、源頼朝は政子の妹が美人であると聞いて恋文を送った。しかし使いの者が間違えて手紙を政子に渡してしまった。その結果、政子は将軍の妻になる大幸運を得た。妹は夢を政子に話さなければよかったのに……。これが『曾我物語』にある話である。

(4)上人をばしよ〳〵にせいしぼさつのけしんとゆめにもみまいらする事、あまたありと申うへ（上人をば所々に勢至菩薩の化身と夢にも見まいらする事、あまたありと申うへ）

法然が勢至菩薩の生まれ変わりであるという話は一般に広まっていた。親鸞も「高僧和讃」の中の「源空聖人」の項で、

　源空勢至と示現し

あるひは弥陀と顕現す
上皇群臣尊敬し
京夷庶民欽仰す

と記している。

(5)せいしぼさつはちゑのかぎりにて（勢至菩薩は智慧のかぎりにて）

意味するところは、「勢至菩薩は阿弥陀仏が有する智慧そのものであり」ということである。

「智慧」とは宇宙や人生を見とおす知識。悟りの状態をいう。阿弥陀仏が持ついろいろな徳目は、特に慈悲と智慧で代表されている。このうちの智慧を形に表したものが勢至菩薩である。慈悲は観音菩薩である。

(6)しかしながらひかりにてわたらせ給（しかしながら光にてわたらせ給）

意味するところは、「さながら光でいらっしゃった」という内容である。

智慧そのものである勢至菩薩は、光（光明）でも表された。恵信尼が夢の中で見た法然すなわち勢至菩薩の顔が「たゞひかり（光）ばかりにてわたらせ給」とあるのは、このことを示している。

親鸞の「高僧和讃」の「源空聖人」の項でも、

智慧光のちからより
本師源空あらはれて
浄土真宗をひらきつゝ
選択本願のべたまふ

と書かれている。

(7)うちまかせては思まいらせず候しなり

意味は「まったくそのようには思ってはおりませんでした」。恵信尼は、観音菩薩と心の中で強く思っておりました、と娘の覚信尼に説いているのである。

(8)御りんずはいかにもわたらせ給へ、うたがひ思まいらせぬうへ（御臨終はいかにもわたらせ給へ、疑ひ思まいらせぬうへ）

「りんず」は現代では「りんじゅう」と発音す

る。恵信尼は「親鸞の臨終のありさまがどのようであっても（臨終正念でなくても）、極楽往生は疑っておりません、親鸞は観音菩薩の生まれ変わりですから」と覚信尼に強調している。

（原文D）

又(1)、このくにはこぞ①のつくりもの②ことにそんじ候て、あさましき事③にて、おほかたいのちいくべしともおぼえず候中に、ところも④かはり候ぬ。一ところならず、ますかたと申、又、おほかたはたのみて候人⑤のりやうどもみなかやうに⑥候うへ、おほかたのせけんもそんじて候あひた、中〳〵とかく申やるかたなく候也。かやうに候ほどに、としごろ⑦候つるやつばら⑧(2)もおとこ二人、正月うせ候ぬ。なにとしてものをもつくるべきやうも候はねば、いよ〳〵せけんたのみなく候へども、いくほどいくべきみにても候はぬに、せけんを心ぐるしく思べきにも候はねども、み一人にて候はねば、これらがあるいはおやも候はぬおぐろの女ばう⑨(3)のおんなごおのこゞこれに候うへ、ますかたが子ども⑩(4)たゞこれにこそ候へば、なにとなくはゝめきたるやうにてこそ候へ(5)。いづれもいのちもありがたき⑪(6)やうにこそ、おぼえ候へ。

①**こぞ**　昨年。
②**つくりもの**　作物。
③**あさましき事**　情けないこと、嘆かわしいこと。
④**ところも**　住所。
⑤**たのみて候人**　頼りにしている人。
⑥**かやうに**　このように。現代では「かように」と発音する。
⑦**としごろ**（**年ごろ**）　年来。長年。
⑧**やつばら**（**奴ばら**）　下人たち。
⑨**おぐろの女ばう**（**小黒女房**）　親鸞と恵信尼の娘。「女ばう」は現代では「にょうぼう」と発音す

（意訳Ｄ）

またこの越後国は、昨年の農産物は特に凶作で、嘆かわしいしだいです。とても生きていけないのではないかと思う中で、引っ越しもせざるを得ませんでした。私の所だけではありません。益方にいる有房や、他の頼りにしている人たちの領地でも皆このような状態です。その上、世間一般でもこのような凶作ですので、もう何ともいいようがありません。このような状態なので、長い間私の下人であった者たち男二人が正月に逃げてしまいました。どのようにしても作物が作れませんので、いよいよ、ほんとうに生きていけないのではないかと思います。

いま八十二歳という年齢のこともあり、あとどれほど寿命があるかわからないので、世の中を苦しい、生きにくいと思う必要もないとは思います。でも、ここにいるのは私一人だけではありませんので、生き抜く工夫をしなければなりません。どのような者たちがいるかというと、もう亡くなってしまった小黒女房の女の子と男の子です。それに有房の子どもたちも私が一緒に育てています。それで生活は大変なのですけれども、私はなんとなく母親になったような気持ちでうれしいです。でも、いつまで皆の命が続くか心配です。

る。

⑩**子ども**　子どもたち（複数）。

⑪**ありがたき**　存在することが困難。

（原文注D）

（1）又、このくに（国）**はこそのつくりもの**（作物）**……いのち**（命）**もありがたきやうにこそ、おぼえ**（覚え）**候へ**

この文章は、その前の文章とは別紙に書かれている（その前の文章は三枚の紙に書き継いである）。またその前の文章とは何の脈絡もなく、続き方が不自然なので、別の時に書かれた手紙の一部が後世に誤ってここに貼り付けられたのではないかという説もある。

（2）やつばら（奴ばら）

「ばら」は人に関する名詞に続けて、複数を表すことば。

（3）おぐろの女ばう（小黒女房）

越後の小黒に住んだ、または小黒に住む男性と結婚したが、住んでいたのは恵信尼のもとであったとも推定される。

小黒は新潟県上越市安塚区小黒（旧東頸城郡安塚町小黒）。

「おやも候はぬおぐろの女ばうのおんなごおのこゞ」とあるので、小黒女房は女の子と男の子を一人ずつ産んで、この時にはもう亡くなっていたことがわかる。

（4）子ども

「ども」は複数を表す。現代では「子ども」は一人を表し、複数ならば「子どもたち」などとすることが多い。

本文には小黒女房の子どもたちが「これに候」とあるので、小黒女房とその夫との夫婦生活は恵信尼のもとで行われた可能性がある。「小黒」に住む男が通ってきていたということである。子どもたちを小黒女房が亡くなってから引き取ったのではなく、もともと恵信尼のもとで生まれ、育てられたという推測である。通い婚は当時の普通のあり方であった。

（5）なにとなくはゝ（母）**めきたるやうにてこそ候へ**

意味するところは、「なんとなく母親らしくなったようである」ということである。恵信尼のもとには故小黒女房の女の子と男の子、および益方の子どもたちもいるので、恵信尼の心ははずんでいる様子である。

（6）ありがたき

意味するところは「存在することが困難」ということであるが、やがて「めったにないほど優れている」「感謝している」というように展開した。

（原文E）

(1)このもんぞ①、殿のひへのやまにだうそう②(2)つとめておはしましけるが、やまをいでゝ、六かくだうに百日こもらせ給て、ごせの事いのり申させ給ける、九十五日のあか月の御じけんのもんなり。ごらん候へとてかきしるしてまいらせ候(3)。

①**もんぞ**（**文書**）　親鸞が六角堂の本尊観音菩薩から与えられたお告げ。

②**だうそう**（**堂僧**）　常行三昧堂に勤める僧と考えられている。

（意訳E）

同封しました文書は、あなたのお父様は比叡山延暦寺で堂僧を務めておられたのですが、比叡山を下りて六角堂に百日の予定で参籠されて来世の極楽往生を祈られた時、九十五日目の暁に観音菩薩からいただいたお告げの文章です。ご覧にいれようと思って記しました。差し上げます。

（原文注E）

（1）このもんぞ……かきしるしてまいらせ候

第三通の、第一紙の右端の余白に書かれている追伸。

（2）だうそう（堂僧）

天台宗延暦寺の僧侶は修行する僧と、その修行を助ける僧とに分かれていた。前者を学生あるいは学侶といい、後者を堂衆あるいは大衆といった。学生は皇族・貴族・武士など身分の高い者がなることができ、堂衆は農民や下人、その他は延暦寺領の荘園から連れてこられた身分の低い者たちであった。大衆は修行しなくていいのではなく、修行する権利がなかった。ただし、学生たちのお世話をすることによって学生に縁を結び、来世は救われるとされていた。

堂僧についての史料はほんとうに少ないので、実態がつかみにくい。ただ学生・学侶と堂衆・大衆の間に第三の身分としての堂僧があるのではない。身分はあくまでも二種類である。このことは他の寺院・宗派でも同じである。

学生・学侶はその出身や修行の程度によって、位（法印・法眼・法橋）と職（僧正・僧都・律師）が与えられた。僧正にはその上に大僧正、下に権僧正も設けられた。僧都・律師の種類も多い。彼らには、延暦寺領の荘園も分け与えられた。

堂僧は、学生・学侶の最下層の位置にある職と考えられている。親鸞は二十九歳になっても、それ以上の位・職も与えられていなかった気配である。

なお『日野一流系図』によれば、親鸞の弟の尋有は権少僧都、同じく弟の兼有は権律師、有意は法眼、行兼は権律師を与えられている。いずれも天台宗の僧として一生を過ごした。

(3)ごらん候へとてかきしるしてまいらせ候(御覧候へとて書き記して参らせ候)

意味するところは、「ご覧いただこうと観音菩薩からいただいたお告げを書いて同封しました」ということである。したがって、この時の恵信尼の手紙にはその紙が同封されていたことがわかる。それは「行者宿報の偈」であったろうと推定されている。

第四通

＊第四通には、恵信尼以外の人物による書き込みが数箇所みられる。そのため、恵信尼の筆跡のものを（A）、別の筆跡のものを（B）に分けて検討した。

〔解　説〕

第四通は、弘長三年（一二六三）二月十日、越後に住む恵信尼が京都の覚信尼に送った手紙である。第三通の少しあとに書いたものと推定されている。恵信尼八十二歳、覚信尼四十歳。

手紙には、六角堂の観音菩薩から与えられた夢のお告げを覚信尼に書き送ったこと、それを達筆の人に書いてもらって持っていてほしいことが書いてある。右のお告げを書いて覚信尼に送ったことは、第三通の追って書きに記されていた。

また、覚信尼の所にある親鸞の肖像画を送ってほしいこと、そこには親鸞が寛喜三年（一二三一）に風邪で高熱を出した時のことが記されていることなども記されている。さらに、この時には息子の益方が京都にいたことも手紙から推測される。

（原文A）

このもん①をかきしるしてまいらせ候も、いきさせ給て候ほどは②申てもえう候はねば③申さず候しかど、いまはかゝる人にてわたらせ給けりとも、御心ばかりにも④おぼしめせとて、しるしてまいらせ候。よくかき候はん人によくかゝせて、もちまいらせ給べし。

又、あの御えい⑤の一(1)ふくほしく思まいらせ候也。おさなく御身のやつにておはしまし候しとし(2)の四月十四日より(3)、かぜ大事におはしまし候しときの事どもをかきしるして候也。

ことしは八十にゝなりて候也。おとゝしのしも月よりこぞの五月までは、いまやく〳〵と時日をまち候しかども、けふまではしなで、ことしのけかち⑥にや、うへじにもせんずらんとこそおぼえ候へ。

かやうのたよりになにもまいらせぬ事こそ、心もとなくおぼえ候へとも、ちからなく候也。ますかた殿⑦にも、このふみをおなじ心に御つたへ候へ。もの書く事ものうく候てべちに申候はず。

二月十日

①**このもん（文）** 親鸞が観音菩薩から受けたお告げの文章。第三通のE注（3）参照。

②**いきさせ給て候ほどは（生きさせ給て候ほどは）** 親鸞が存命中は。

③**えう候はねば（要候はねば）** 必要がないので。「えう」は、現代では「よう」と発音する。

④**御心ばかりにも** あなたのお心の中だけにでも。

⑤**御えい（御影）** 親鸞の肖像画。

⑥**けかち（飢渇）** 食物や飲み物が欠乏すること。飢饉。「けかつ」が訛ったもの。「きかつ」ともいう。

⑦**ますかた殿（益方殿）** 恵信尼と親鸞の息子。日野有房。出家して道性。越後国益方（現在の新潟県

（意訳Ａ）

この、あなたのお父様が観音菩薩からいただいたお告げを書いて差し上げるのも、お父様が生きておられる時には、私がお話しする必要がなかったのでお話ししなかったのですが、亡くなられたので、「このような方でいらしたのか」とあなたのお心の中だけでも知っておいていただきたいと思って書いてお送りしたのです。書の上手な人に上手に書いてもらって、お持ちになってください。

また、あのお父様を描いた絵一幅を欲しいと思っています。あなたがまだ幼くて八歳だった時の四月十四日から、お父様が風邪をひかれて大変だったことなどが書いてあるのです。

私は今年八十二歳になりました。一昨年十一月から昨年五月までは重い病気にかかって、もう今こそ臨終かと毎日思っていました。でも今日までは持ちこたえておりましたけれども、今年の飢饉にこそ飢え死にしてしまうのではないかと強く思っています。

このような手紙に何も贈り物をつけないのは気持ちが落ち着かないのですけれども、何もなくて贈れないのです。益方の有房さんにも、この手紙の内容を同じようにお伝えください。体調がよくなくて手紙を書いているのはつらく、有房さんに特に手紙を書くことはいたしません。

上越市板倉区下関田小字升方あるいは同区中之宮桝方ではないかとされている）に住んでいた。この時には京都に滞在していたと考えられる。

(原文注A)

(1)御えい(御影)

「影《えい》」は、「かげ」という意味ではなく、肖像あるいは肖像画を表している。

この「御えい」は、本文から推察するに親鸞の生前に描かれていたものであろう。もともと、肖像(彫刻と画ともに)は生前には作らないものであった。作ると、そちらに精気が吸い取られてしまい、モデルになった本人の体が弱くなったり寿命が短くなったりする、と信じられていたからである。

しかしそうもいっておられず、必要に迫られて生前に肖像や肖像画が制作されることがあった。それを寿像といった。

本文に「あの」とあるからには、今は覚信尼のもとにあり、掛け軸となっている親鸞の肖像画を恵信尼も見たことがあると推測される。それを送ってください、と覚信尼に求めている。

(2)御身のやつにておはしまし候しとし(御身の八にておはしまし候し年)

意味は「あなた(覚信尼)が八歳でいらっしゃった年」ということである。

覚信尼が八歳であった、親鸞が風邪で高熱を出した年は、第五通によって寛喜三年(一二三一)ということが判明している。とすると、それから逆算して覚信尼が誕生したのは元仁元年(貞応三年、一二二四)ということがわかる。親鸞五十二歳、恵信尼四十三歳。「元仁元年」はまた、親鸞がそれを『教行信証』に記入した年である。

（3）四月十四日

第五通・第六通にも親鸞が風邪をひいて重体になったことが書かれている。ただし、第六通に、それは四月四日からだったことが記されている。

（原文B）

①端裏書（本文とは別筆）

ゑちごの御文にて候[1]。

②端裏書（①の下に書かれている、本文および①の筆跡とも別筆）

此御表書[2]ハ覚信御房御筆也。

③「二月十日」の右（②の筆跡と同じ）

弘長三年癸亥

④本文の右端（②の筆跡と同じ）

此一枚ハ端ノ御文ノウヘニマキ具セラレケリ

（原文注B）

（1）ゑちご（越後）の御文にて候

「これは、越後の恵信尼のお手紙です」という意味で、覚信尼の筆跡である。覚信尼の筆跡であるということは、次の②で判明する。

（2）此御表書

手紙本文を中にして巻いてあるので、端裏書が表として見えており、それを「表書」と説明している。

この②および③④ともに覚如の筆と推定されている。つまり覚如は恵信尼文書を読んでいたのである。

第五通

＊第五通は長文のため、全体を（A）から（C）の三つに分けて検討した。恵信尼文書の原本では（A）から（B）にかけての改行はない。（B）から（C）にかけては改行されている。

〔解　説〕

第五通は、第四通に「御身のやつにておはしまし候しとしの四月十四日より、かぜ大事におはしまし候しときの事どもをかきしるして候也」とあることについてである。第四通と一緒に送られたと推定される。この弘長三年（一二六三）、恵信尼は八十二歳、覚信尼は四十歳である。

第五通は、まず、親鸞が寛喜三年（一二三一）四月十四日に風邪をひいて重体になったことが記されている（**Aの部分**）。続いて親鸞が夢の中で千部経読誦を始めてしまったが、強く反省して中止したこと。ただし、その時から十七、八年前にも行ったことがあり、自力への執着心について驚いている（**Bの部分**）。その十七、八年前とは、親鸞一家が越後から関東へ移住する、その途次にあった時であったと述べている（**Cの部分**）。

恵信尼は、夫の親鸞にとって他力の信心がいかに重要な問題なのか、よく理解していたのである。

なお次の第六通に、親鸞が重体になったのは四月十四日ではなく四月四日であった、とある。

（原文A）

ぜんしんの御房、①(1)くわんぎ②三年四月十四日むまの時③ばかりより、かざ心ちすこしおぼえて、④そのゆふさりよりふして大事におはしますに、こしひざをもうたせ(2)ず、てんせいかんびやう人をもよせず、(3)たゞおともせずしてふしておはしませば、御身をさぐればあたゝかなる事火のごとし。かしらのうたせ給事もなのめならず。

（意訳A）

あなたのお父様は、寛喜三年四月十四日午の時ごろから、風邪気味になりました。その夕方には床に横になり、病状はしだいに重くなりました。でも「お楽になるから腰をもみましょう、膝を叩きましょう」といっても、そうさせてくれません。もともと、体調が悪くても看病させてくれないのです。ただ音も立てずに横になっておられるばかりなのです。心配になってお体を探ってみると熱いことは火のようでした。頭がとても痛いといっておられました。

①**ぜんしんの御房（善信の御房）** 親鸞の別名。

②**くわんぎ（寛喜）** 現代では「かんぎ」と発音する。

③**むまの時（午の時）** 午前十一時から午後一時の間。現代では「うまのとき」と発音する。

④**かざ心ちすこしおぼえて（風邪心地少し覚えて）** 少し風邪を引きこんだように思って。

（原文注Ａ）

（1）ぜんしんの御房（善信の御房）

親鸞の別名であるが、正確にいえば房号である。「親鸞」は法名。したがって正式の名のりは善信房親鸞となる。息子の善鸞は慈信房善鸞である。本願寺第三世とされてきた孫の「如信」は房号と推定されるが、法名は未詳である。

（2）こしひざをもうたせず（腰・膝をも打たせず）

風邪をひくと、体の節々が痛くなることがある。親鸞は、他人にそれを叩いてほぐすことをさせなかったのである。

（3）てんせいかんびやう人をもよせず（天性、看病人をも寄せず）

「かんびやう」は現代では「かんびょう」と発音する。

意味するところは、「最初から、看病しようという人を寄せつけなかった」ということである。本文には続いて「たゞおともせずしてふしておはしませば（ただ音もせずして臥しておはしませば）」とあるから、親鸞は病気になっても看病してもらおうとは思わず、ただじっと横になって自然に回復するのを待つ人であったことがわかる。当然、薬なども飲まなかったであろう。比叡山延暦寺では治病のことも学んだはずであるから、病気治療には十分な知識があったはずである。

当時、病気というのは、鬼が近寄ってきてその醸し出す悪い空気や毒気に当てられてなるものと考えられていた。現代のように病原菌、あるいは遺伝子に原因があるなどとは考えられていなかった。病気を治すには、鬼の嫌がる呪文や経典を読み、鬼が嫌いな薬を飲んで鬼を追い払うことが必要と考えられていたのである。しかし親鸞がそれを行わなかったのは、すべてを阿弥陀仏にお任せするということだったのであろう。

（原文B）

さて、ふして四日と申あか月、くるしきに①(1)まはさてあらん(2)とおほせらるれば、なにごとぞ、たわごと②(3)、かや申事と申せば、たわごとにてもなし。ふして二日と申日より、大経③(4)をよむ事ひまもなし。(5)たま〳〵めをふさげば、きやうのもんじの一時ものこらず、きらゝかにつぶさにみゆる也。さてこれこそ心へぬ事なれ。念仏の信じんよりほかには、なにごとか心にかゝるべきと思て、(6)よく〳〵あんじてみれば④、この十七八ねんがそのかみ、げに〳〵しく⑤三ぶきやう⑥(8)をせんぶよみてすざうりやく(9)のためにとて、よみはじめてありしを、

これはなにごとぞ、じゝんけう人しん、なんちうてんきやうなむ(10)とて、身づから信、人をおしへて信ぜしむる事、まことの仏おんにむくゐたてまつるものと信じなから、みやうがうのほかにはなにごとのふそくにてかならずきやうをよまんとするやと思かへして、よまざりしことの(7)、

さればなほもすこしのこるところのありけるや。(11)ひとのしうしん、じりきのし(12)んはよく〳〵しりよあるべしとおもひなしてのちは、きやうよむことはとゞまりぬ。さて、ふして四日と申あか月、まはさてあらんとは申也とおほせられて、やがてあせたりてよくならせ給て候し也。

①**くるしきに**（**苦しきに**） 苦しいなかで。
②**たわごと**（**戯言**） うわごと。ふざけたことば。
③**大経** 無量寿経。
④**よく〳〵あんじてみれば**（**よく〳〵案じてみれば**） 念を入れて思い起こしてみると。
⑤**げに〳〵しく**（**実に実にしく**） 心を込めて。
⑥**三ぶきやう**（**三部経**） 『無量寿経』・『観無量寿経』・『阿弥陀経』という三種類の経典を指す。いずれも阿弥陀信仰に関する経典である。

（意訳B）

さて、横になって四日目の暁に、苦しいのに、「もう、そうしよう」と声に出して仰いました。それで私が「どうしたんですか。世間で「うわごと」ということを仰っているんですか」と聞きますと、「うわごとではありません。横になって二日目という日から、『無量寿経』を暇もなく空で読んでいました。ふと目を閉じると『無量寿経』の文字が、一文字も残らず、きらきらとはっきり見えるのです。これはこれは。これは納得がいかないことだ。阿弥陀仏の本願を信じて念仏を称えること以外は、何も心にかけてはいけないはずなのになぜだろうと思って、じっくり考えてみました。すると思い出しました。今から十七、八年前、『無量寿経』・『観無量寿経』・『阿弥陀経』という浄土三部経を心を込めて千回読もうとしました。これは私自身のためではなくて、人々のためにということで読み始めたのです」と仰いました。

お父様は、続けて、「でも、これはいったいどうしたことだ、いま私は間違った行いをしているのではないか。私は善導大師が「自信教人信、難中転更難、大悲伝普化、真成報仏恩――阿弥陀仏の本願を自ら信じ、人をして信じさせるのは、とても難しいことだ。阿弥陀仏のすべての人々を救おうという慈悲の心を人々に伝え、阿弥陀仏を信じさせるのは、ほんとうに阿弥陀仏の御恩に報いることになる」と仰せられたことを信じていたはずです。しかし南無阿弥陀仏の名号の他にいったい何が足りないと思って経典を絶対に読まなければいけないと思うのだろうか。経典を読むことは自力の行いだ、こんなことはあってはいけないのだと思い直して、読むことを止めていたのです」といわれました。

さらにお父様は、「でもその十七、八年後にまた読んでしまいました——。自力に頼る心はすっかりなくしたと思っていましたのに。ですから、なお少しその心が残っていたんでしょうね。人間の自力への執着心や自力の心について、十分に考えなければなりません。そのように思ってからは、経典を読むことはなくなりました。それで横になってから四日目の暁に「もう、そうしよう」といったのです。「もう、読むことは止めよう、そうしよう」という意味です」と仰いました。するとすぐ汗が噴き出て、風邪がよくなられました。

〈原文注B〉

(1)**くるしきに**（苦しきに）

親鸞は病気治療をしないから平気かというと、そうではなくて、やはり苦しいことは苦しいのである。

(2)**まはさてあらん**

意味は「今はもうそうするのがよい」というこ

とである。親鸞は、もう三部経を読むのは止めるべきであると決心したのである。

（3）たわごと

恵信尼は「まはさてあらん」の意味がわからなくて（親鸞はまだ説明していないので当然であるが）、「うわごとを仰ったのですか」と尋ねたのである。

（4）大経

『阿弥陀経』を『小経』というのに対して、『無量寿経』は『大無量寿経』ともいうので、よく『大経』と通称される。

（5）ふして二日と申日より、大経をよむ事ひまもなし

意味は、「風邪で横になって二日目から無量寿経をひたすら読み続けていました」ということである。むろん親鸞は、他人からは「たゞおともせずしてふしておはしませば」と見える状態だったのである。したがって親鸞は声に出して読んでいるつもりであっても、実際には心の中で夢うつつのうちに読んでいたことになる。

（6）念仏の信じんよりほかには、なにごとか心にかゝるべきと思て（念仏の信心より他には、何事か心にかゝるべきと思て）

意味は、「念仏の信心より他に、どんなことが心にかかってよいのだろうか。いや、なにごともまったく心にかかってはいけない」ということである。親鸞は、熱に浮かされた頭の中でも、自分の行っている千部経読誦はおかしいとさすがに気がついたのである。

（7）この十七八ねんがそのかみ……思かへして、よまざりしこと（この十七、八年がそのかみ……思返して、読まざりしこと）

親鸞一家が越後から関東へ移ってきた時、「さぬき」という所で同様の経験をしたことを思い出したのである。その時親鸞は四十二歳、本文にみえる寛喜三年（一二三一）は五十九歳、したがって恵信尼は「あれは十七、八年前のことであったな」と思い出しているのである。

（8）三ぶきやう（三部経）

『無量寿経』・『観無量寿経』・『阿弥陀経』という三種類の経典を、法然が合わせて「浄土三部経」と呼び、依るべき経典とした。ただ同じ法然の系譜を受ける宗派でも、浄土真宗は右記のように『無量寿経』・『観無量寿経』・『阿弥陀経』の順に並べるが、一遍の系譜を引く時宗では『阿弥陀経』・『無量寿経』・『観無量寿経』というように、『阿弥陀経』を最初にあげる。

ちなみに、歴史的には『阿弥陀経』の成立が最も古く、『観無量寿経』の成立が最も新しい。さらに、『阿弥陀経』と『無量寿経』には梵文（サンスクリット語）で書かれた古い経典が残っているが、『観無量寿経』にはなく、漢文の経典があるのみである。つまり現在までのところ、『観無量寿経』の成立はインドではなく中国だったと推定される。

なお、天台宗（山門派・寺門派）や日蓮宗・日蓮正宗などの法華各派では、法華三部経を依るべき経典とする。それは『無量義経』・『妙法蓮華経』・『仏説観普賢菩薩行法経』の三経典である。

（9）すざうりやく（衆生利益）

「すざう」は現代では「しゅじょう」と発音している。

経典を読み、その功徳によって病気を治すとか、飢饉を終らせて食料が手に入るようにするとか、畑の作物につく虫を追い払うとか、安産にするなどの利益を与えること。

五十九歳の親鸞は、関東の人々から現世利益を求められることも多かったのであろう。信心の念仏はすぐさまそれに応えるものではないと思いつつも、親鸞自身、どうしたらよいか悩むことも多かったに違いない。その悩む気持ちが高熱の中で浄土三部経を読誦させることになったのであろう。それはかつて比叡山での修行中に学んだ現世利益の方法であったと推定される。

ただしそれらは人間の努力によって与えようとするのであるから、まさに自力の行いで、親鸞が達成できるはずはない。すべて阿弥陀仏にお任せして信心の念仏を称えることのみをなすべきであった、とやがて親鸞は気がついたのである。

(10)じゝんけう人しん、なんちうてんきやうなむ（自信教人信、難中転更難）

「じゝんけう人しん」は現代では「じしんきょうにんしん」、「なんちうてんきやうなむ」は「なんちゅうてんきょうなん」と発音する。

唐の善導の『往生礼讃』に、

自信教人信、難中転更難、大悲伝普化、真成報仏恩

（自ら信じ人を教えて信ぜしむるは、難きが中にうたたまた難し。大悲を伝えて普く化するは、真に仏恩を報ずるに成る）

「自分自身で信じ、それを他人に教えて信じさせるのは、いろいろ難しいことがある中でも特に難しいことである。阿弥陀仏の、すべての人々を憐れんで救おうという働きを伝えて、すべての人に信じさせることは、ほんとうに阿弥陀仏の恩に報いることになるのだ」とある文章の、後半が省略されている。

(11)さればなほもすこしのこるところのありけるや（されば、なほも少し残るところのありけるや）

意味するところは、「そういうことなので、依然として執心・自力の心の残っていた部分があるのだなあ」という内容である。

親鸞は、関東に来て人々に教えて十七、八年経ち、『教行信証』を書いて七、八年経っているのに、まだ他力に徹しきれない自分に気がついたのである。

(12)ひとのしうしん、じりきのしん（人の執心、自力の心）

人間の、いったんこうと思い込んだことへの執着心、それはすなわち自分の力で人々を救おう、

救える、と思う心である。

(原文C)

三ぶきやうげに〱しく千ぶよまんと候し事は、しんれんばうの四のとし、①(2)むさしのくにやらんかんつけのくにやらん、さぬき(4)と申ところ(3)にてよみはじめて、四五日ばかりありて思かへしてよませ給はで、(1)ひたちへはおはしまして候しなり。(5)

しんれんばうはひつじのとし三月三日②のひるむまれて候しかば、ことしは五十三やらんとぞおぼえ候。

こうちやう三ねん二月十日　恵信

①**しんれんばうの四のとし**（**信蓮房の四の年**）　信蓮房は恵信尼と親鸞の息子。「しんれんばう」は現代では「しんれんぼう」と発音する。

②**ひつじのとし三月三日**（**未の年三月三日**）　承元五年（一二一一）のこと。

(意訳C)

十七、八年前に、浄土三部経を心を込めて千回読もうとしたのは、信蓮房が四歳の年のことでした。武蔵国でしたか上野国でしたか、佐貫という所でした。読み始めてから四、五日くらい過ぎて、思いとどまって読むのを止められて常陸へ向かわれたということでした。

信蓮房は未の年の三月三日の昼に生まれましたから、今年は五十三歳だったと思います。

弘長三年二月十日　　恵信

(原文注C)

(1)三ぶきやうげにくしく千ぶよまんと候し事は(三部経、実に実にしく千部読まんと候し事は)……**四五日ばかりありて思かへしてよませ給はで**

この文章は、建保二年(一二一四)、親鸞四十二歳の時の体験を簡単に語っているのである。これは親鸞の体験であるけれど、恵信尼もそこに一緒にいたことは、「千ぶよまんと候し」と過去の自分の体験を示す助動詞「し」(き・し・しか、と活用する)を使っていることで明らかである。もし、親鸞から伝え聞いたことだったら、「千ぶよまんと候ける」と、伝聞の助動詞「ける」(けり・ける・けれ、と活用する)が使われていたはずである。

(2)しんれんばうの四のとし(信蓮房の四の年)

親鸞一家が越後から関東に向かったのは建保二年(一二一四)であるから、この年に信蓮房は四歳であったということになる。

この本文には記されていないが、信蓮房より三、四歳年上と推定される娘の小黒女房も一緒に関東へ向かったと考えられる。つまり、旅をする親鸞一家は親子四人であった。それ以外にお供の者が従っていたらしいことは、覚如の『親鸞伝絵』の絵の部分から推測される。

(3)むさしのくにやらんかんつけのくにやらん、さぬきと申ところ（武蔵国やらん、上野国やらん、佐貫と申所）

意味は、「武蔵国だろうか、上野国だろうか、佐貫という所」ということである。

当時、群馬県（上野国）の最南端を西から東に流れる利根川に接する、邑楽郡板倉町を中心にした佐貫荘と呼ぶ広大な荘園があった。利根川の南は埼玉県（武蔵国）である。利根川は幅広い氾濫原を有し、洪水が多発する中で武蔵・上野の国境は常に動いていた。現在ではすっかり姿を消しているが、かつては東流する利根川から南に向かって、やはり幅広い川が分かれて流れ出していた。恵信尼と親鸞はその川も見ているはずである。こちらも洪水が多かったに違いない。現在でも、広

群馬県邑楽郡板倉町（上野国）から見た利根川。向こう岸は埼玉県（武蔵国）。写真左奥は下野国。その先は下総国から常陸国。

◆親鸞聖人七五〇回大遠忌記念◆

釈尊と親鸞
インドから日本への軌跡
龍谷大学 龍谷ミュージアム 編

二五〇〇年前のインドでおこり、日本へ伝来した仏教の歴史や教え、文化などをオールカラーの写真と図版を交えてわかりやすく紹介する。 一、五七五円

語られた親鸞
塩谷菊美

人びとは親鸞の人生に何を重ね、どのように語り継いできたのか。歴史資料でなく物語としての親鸞伝から見えてくる信仰のかたち。 三、一五〇円

誰も書かなかった親鸞
同朋大学仏教文化研究所 編

「親鸞の出自」「六角夢告の意味」など、親鸞に関する定説を見直し、『伝絵』を読み直すことによって、新たな親鸞像の構築を目指す意欲的論考。 二、九四〇円

歴史のなかに見る親鸞
平 雅行

慈円への入室、六角堂参籠、玉日姫との婚姻説、善鸞義絶事件。数々の伝承と研究が存在する親鸞の生涯と思想について歴史学の立場から検証する。 一、九九五円

親鸞聖人伝説集
菊藤明道

親鸞聖人六〇〇回大遠忌に刊行された、正聚房僧純編『親鸞聖人霊瑞編』。その現代語訳に詳細な解説を付す。川越の名号、蕎麦喰いの御木像ほか。 二、九四〇円

親鸞の解釈と方法
杉岡孝紀

解釈学の手法を取り入れ、親鸞思想の現代的意義と創造的理解を追究する。注目の一冊! 四、六二〇円

金子大榮 歎異抄
金子大榮

4刷

金子先生の生前最後の講話で語られる他力念仏の教えは、人々の救いを根源的に明らかにする永遠不滅の教えである。親鸞思想の最高権威が『歎異抄』の真髄を簡潔な言葉で語りかける入門書の決定版。 一、六八〇円

正信偈62講
現代人のための親鸞聖人
中村 薫

8刷

他力念仏の教えを要約した「正信偈」を読みとき、その現代的異義を明らかにした親鸞入門。 一、八九〇円

真宗入門
ケネス・タナカ 著
島津恵正 訳

9刷

ブッダがさとり親鸞がめざめた真理とは。Q&A・他宗教との対話形式で仏教と親鸞思想のエッセンスを説き明かしたアメリカでの浄土真宗入門書の翻訳。深い思索と新鮮な言葉で真宗の新地平を拓く。 二、一〇〇円

親鸞聖人の本

- **親鸞の生涯** 豊原大成 六三〇円
- 写真で読む **親鸞の生涯** 麻田慶雲 三、三六〇円
- **親鸞聖人と『教行信証』の世界** 田代俊孝編 五二五円
- **親鸞と大乗仏教** 小川一乗 一、〇五〇円
- **親鸞聖人のことば** 村上速水・内藤知康 一、五二九円
- **親鸞思想の原点** 本多弘之 二、九四〇円
- **親鸞の生涯と教え** 鎌田宗雲 二、一〇〇円
- **親鸞** 宗教言語の革命者 デニス・ヒロタ 三、一五〇円
- **親鸞再考** なぜ悪人こそ救われるのか 佐々木正 一、八九〇円
- **山をおりた親鸞 都をすてた道元** 中世の都市と遁世 松尾剛次 二、三一〇円
- **まんが 正信偈のおはなし** 上・下 原作 和田真雄 解説 田代俊孝 各 七〇〇円

- **門徒もの知り帳** 上・下 野々村智剣著 仏教文化研究会編 各 六〇〇円
- **正信偈もの知り帳** 野々村智剣著・仏教文化研究会編 六五〇円
- **『歎異抄』もの知り帳** 野々村智剣著・仏教文化研究会編 七三五円
- **楽しくわかる正信偈** 和田真雄 六五〇円
- **楽しくわかる歎異抄** 和田真雄 上七五〇円・下 一、〇五〇円
- **楽しくわかる阿弥陀経** 和田真雄 六五〇円
- **仏教からみた「後生の一大事」** 小川一乗 三五七円

蓮如上人の本

- 現代の聖典 **蓮如五帖御文** 細川行信他 三、一五〇円
- 現代語訳 **蓮如上人御一代記聞書** 高松信英 一、五二九円
- **蓮如の生涯** 東澤眞静 六一二円
- **蓮如上人** ひとりふたり増刊号 法藏館編集部編 五〇〇円
- **蓮如上人のことば** 稲城選恵 一、五二九円

御文講座

- **聖人一流の御文** 澤田秀丸 一、〇二〇円
- **末代無智の御文** 和田真雄 一、〇二〇円
- **御正忌の御文** 渡辺晃純 一、〇二〇円
- **女人成仏の御文** 佐賀枝弘子 一、〇二〇円

大好評の法話本

- 気軽に読める、5分間法話 **暮らしの中の、ちょっと気になる話** 和田真雄 一、〇五〇円
- 心に響く3分間法話 **私でも他力信心は得られますか?** 和田真雄 一、〇五〇円
- 心に響く3分間法話 **神も仏も同じ心で拝みますか** 譲 西賢 一、〇五〇円
- **老いて出会うありがたさ** 圓日成道 一、〇五〇円
- **老いよドンと来い!** 土屋昭之 一、〇五〇円
- **今、ここに生きる歓び** 譲 西賢 一、〇五〇円
- **自分の「心」に気づくとき** カウンセリングの対話から 譲 西賢 一、六八〇円

梵文無量寿経・梵文阿弥陀経

藤田宏達 校訂

2刷

浄土教の根本経典のローマ字校訂決定版！ 現存写本・悉曇本の全てを対校し、英文の本文脚注・解題、サンスクリット語索引を付した画期的な労作。

八、四〇〇円

教行信証の宗教構造

梯 實圓

4刷

他力念仏によってすべての衆生が救われることの根拠と、その宗教構造の意味を、わかりやすく解説する真宗教学の入門書。

七、五六〇円

歎異抄講話 全4巻

広瀬 杲

信心の異義をなげく歎異抄を、自身の信仰の純粋性を吟味する鑑として読み解く入魂の講話。①第一～四条、②第五～一〇条、③第一一～一四条、④第一五～一八条・後序

各三、二六二円

名著復刊

浄土三部経講義

①無量寿経講義 ②観無量寿経講義 ③阿弥陀経講義

香月院深励

親鸞教学を集大成した、香月院深励の著作の中から、最も重要な「浄土三部経講義」を限定一〇〇部復刊。

①二五、二〇〇円 ②二六、二五〇円 ③一三、六五〇円

正信念仏偈講義 全3巻

仲野良俊

親鸞浄土教の現代的意義を、大乗仏教の根本思想から明確に説き明かした仲野教学の集大成『仲野良俊著作集全一六巻』を復刊。その第一弾。

一五、七五〇円

正信念仏偈講義 全5巻

宮城 顗

①前の文・総讃・弥陀章／②釈迦章・結誡／③龍樹章・天親章／④曇鸞章・道綽章／⑤善導章・源信章・源空章・結勧

全巻揃二九、〇五四円（分売不可）

曽我量深説教集 全10巻

西谷啓治 訓覇信雄 松原祐善 編

伝統ある真宗教学の道場、高倉会館で昭和三五年から亡くなる前年の四五年までに講じられた言葉をそのまま再現。

全巻揃三六、七五〇円（分売不可）

定番の書籍

講解 教行信証 全4巻

星野元豊

①九、四五〇円／②～④各一一、五五〇円／別四、二〇〇円

評価の高い旧六巻を文字を大きく読みやすくし、全四巻に改訂した。①**教・行**／②**信**／③**証・真仏土**／④**化身土・総索引**／**別巻**

定本教行信証

細川行信 新訂 親鸞聖人全集刊行会 編

9刷

坂東本を底本とし、西本願寺本、専修寺本により校訂した「教行信証」を、さらに再校訂テキストとして便利なように、大判大活字とした。

五、七七五円

い川を挟んで同じ地名があることがある。

「むさしのくにやらんかんつけのくにやらん」というのは、この手紙を書いている八十二歳の恵信尼が三十三歳の時に通った「さぬき」の位置があいまいになってしまったのではなく、もともと国名がはっきりさせられない所だったのである。

（4）さぬき（佐貫）

かつて群馬県邑楽郡明和町大佐貫の地であったろうとの説が有力だった。ここも利根川に面した、板倉町の西側の町で、かつての佐貫荘の内であった。しかし昭和三十年代、板倉町の真言宗・宝福寺から鎌倉時代後期に制作された親鸞の門弟性信の座像が発見されてから、板倉町説が有力となった。それは、後に、常陸西部から下総北部に勢力を有した横曾根門徒（性信を最初の指導者とする）が佐貫地方に発展し、親鸞ゆかりの地に建つ宝福寺（中世では法福寺と称した）に性信座像を安置したのではないかという推測によっている。

宝福寺では、鎌倉・室町時代から江戸時代においても、性信を「先師」（尊敬すべき昔からの指導者）として崇敬し、その伝記を作成し（木版刷りで出版）、また親鸞の手紙二通をこれも木版刷りで出版している。数百年にわたって親鸞と性信を顕彰し続けている。にもかかわらず、宝福寺はずっと現代に至るまで真言宗の寺院であって、浄土真宗の寺院であったことがない。これは興味深いことといわねばならない。

なお、佐貫荘のことは『板倉町史　通史　上巻』（板倉町史編さん委員会、一九八五年）に詳しい。

（5）ひたちへはおはしまして候しなり（常陸へはおはしまして候しなり）

この文章では親鸞だけが常陸へ向かったようにみえるが、自分の過去の体験を示す助動詞「し」が使われているので恵信尼も同行していることがわかる。

また本文からは、「さぬき」から直接常陸へ入ったように読めるが、覚如の『親鸞伝絵』には上野国の東隣りにある下野国（栃木県）を歩く親鸞と恵信尼の様子が描かれている。そののちに常陸に入ったのである。親鸞と恵信尼が歩いたのは、下野国府、国府の神社（惣社）、国分寺、室の八島（京都の貴族にも知られた名所。歌枕として有名であった）などである。現在の栃木県の東南端にある、栃木市と下野市付近である。

第六通

（解　説）

第六通は、恵信尼八十二歳の時に越後から京都の覚信尼宛に送ったものである。覚信尼四十歳である。恵信尼は、第五通で書き送った寛喜三年（一二三一）の親鸞病中の千部経読誦について、それは四月十四日から始まったと書いたけれども、実は四月四日からであったと訂正している。自分の日記を確認したらそうであったと、訂正の理由も述べている。恵信尼にとっても重要なできごとだったのであり、日時も含めて覚信尼に正確に伝えたかったのであろう。

また、手紙の表書きに「若狭殿申させ給へ　ゑしん」と記されている。「若狭殿」は覚信尼の侍女と推定される。「若狭さん、覚信尼様に「恵信尼から手紙が来たと申し上げてください」」という意味である。直接相手に送り付けない形をとるのは、丁寧な交際の方法である。

（原　文）

御ふみの中に、せんねんに①くわんき三ねんの四月四日よりやませ給て候し時の事、かきしるしてふみの中にいれて候に、その時のにき⑴には、四月の十一日のあか月きやうよむ事はまはさてあらんとおほせ候しは、やがて②四月の十一日のあか③月としるして候けるに候⑵。それをかぞへ候には、八日にあたり候けるに候。四月の四日よりは八日にあたり候也⑶。

①**せんねんに（先年に）**　寛喜三年（一二三一）のこと。

②**やがて**　ほかならぬ。

③**あか月（暁）**　午前四時前後。まだ真っ暗なうち。

（意　訳）

前回の手紙と一緒に、先年の寛喜三年（一二三一）四月四日からあなたのお父様が病気になられた時のことを書いて送りました。その時の日記を読み返してみましたら、四月十一日の暁に「経典を読むことは、そうしよう、もう止めよう」と仰ったのは、ほかならぬ四月十一日と書いてありました。病気になられたのも、四月十四日ではありませんでした。数えてみると、「もう止めよう」と仰ったのは病気になられてから四日目ではなく、八日目でした。四月四日からは八日目にあたりました。

（原文注）

（1）**にき**（日記）

当時の日本語では「日記」を「にっき」と発音しても、仮名では「にっき」とは書かず、「にき」と書いた。「っ」とつまって発音する、いわゆる促音便《そくおんびん》は書かない習慣だったからである。したがって、厳密にいえば「にき」と読んだのか「にっき」と読んだのか不明であることになる。

（2）**にきには……しるして候けるに候**

この文章によって、恵信尼が日記をつけていたことがわかる。しかも、京都時代からの日記を保管し続けていたのではないかと思わせる。

恵信尼（親鸞も）は、京都から越後・関東へと多くの書類や書籍を持ち運び続けていたということであろう。

（3）**四月の四日よりは八日にあたり候也**

四月十一日は、四月四日を含めれば八日目という計算になる。

第七通

〔解　説〕

この第七通も、越後の恵信尼が京都の覚信尼に宛てた手紙である。文中に恵信尼が八十三歳であると記されている。この年は文永元年（一二六四）で、覚信尼は四十一歳。

この八十三歳は厄年で、もう命がないものと覚悟し、生きている間に五輪塔を建てたいとの決心と、それを実行に移しつつあることを述べたもの。ただ飢饉のために普通の生活もままならないのでうまく建立できるかどうか心配の様子も書かれている。

手紙の文の途中が紛失していて、そこに何が書いてあったか不明であるが、文末には下人の子どもたち三人の様子が記されている。

恵信尼が五輪塔を建てたいと記していることについて、以前には、「親鸞の妻がそのような希望を持つはずはない」という意見もあった。しかしまだしっかりした教学を持つ教団は成立していないし、また妻は夫に従わなければならないという時代でもない。この第七通から、越後の農村に住む恵信尼の願いをすなおに読み取るべきであろう。

〈原　文〉

もしたよりや候とて、(1)ゑちう①(2)へこのふみはつかはし候也。

さてもひととせ②八十と申候しとし、大事のそろう③をして候しにも、八十三の年ぞ一定④と、ものしりたる人の文どもに⑤もおなじ心に申候(3)とて、ことしはさる事と思きりてさふらへば⑥、

いきて候時(4)そとば⑦(5)をたてゝみ候はゞやとて、五ぢうに候いしのたうを、たけ七さくにあつらへて(6)候へば、たふし⑧つくると申候へば、いできて候はんにしたがひてたてゝみばやと思候へども、

こぞのけかち⑨に、なにも⑩ますかた⑪のとこれのと、なにとなくおさなきものども(7)上下あまた候を、ころさじとし候しほどに、ものもきず(8)なりて候うへ、しろきもの(9)を一もきず候へば（以下、欠）一人候(10)。

又、おとほうし(11)と申候し、わらは⑫をば、とう四郎(12)と申候ぞ、それへまいれと申候。さ御心へあるべく候。けさ⑬がむすめは十七になりて候也。さて、ことり⑭と申女はこ一人も候はぬ時に、七になり候めならは⑮やしなはせ候也。それはおやにつきてそれへまいるべく候也。

よろづつくしがたくて、かたくて(13)、とゝめ候ぬ。あなかしこ、〳〵。

①**ゑちう**（**越中**）　現代では「えっちゅう」と発音する。

②**ひととせ**　先年。

③**大事のそろう**（**所労**）　大きな病気。重病。「そろう」は、現代では「しょろう」と発音する。

④**一定**　決定的。

⑤**ものしりたる人の文ども**（**物知りたる人の文ども**）　学者が書いた書物などにも。

⑥**さる事と思きりてさふらへば**　死ぬことだろうと覚悟しておりますので。

⑦**そとば**（**卒塔婆、率塔婆**）　墓標。

⑧**たふし**（**塔師**）　五輪塔その他の石塔を造る石工の棟梁のこと。現代では「とうし」と発音する。

⑨**けかち**（**飢渇**）　食物や飲み物が欠乏すること。飢

（意　訳）

もしかしたら京都へ送ってもらえる機会があるかと思い、この手紙を越中の知人の所へ送ります。

ところで先年、私は八十歳の時に重病になりました。そのころ、「八十三歳の時にこそ確実に往生する、厄年だ」と学者の本にも書いてありました。私と同じ見方だと思いました。いま私は八十三歳なので、今年は往生するだろうと覚悟を決めています。

でも、生きているうちに卒塔婆を建ててみたいと思いまして、五重の石塔を高さ七尺で設計してみました。石工に相談をかけてみますと、「引き受けました」ということでした。図面が完成したら建ててみたいものだと思います。

しかし昨年の飢饉で、預かっている有房の子どもたちと私が育てている小黒女房の子どもたち、年齢もまちまちの幼い人たちみんなを飢え死にさせないようにと思い、着物など売り払ってしまいました。それで下着もなくなってしまいました。（以下、欠）一人です。

それから、「おと法師」という名の男の子の下人が元服して「とう四郎」と名のるようになった者に、「覚信尼の所へ行きなさい」といいつけてあります。そのようにお心得ください。「けさ」の娘は十七になりました。ところで「ことり」

饉。「けかつ」が訛ったもの。「きかつ」ともいう。

⑩**なにも**　「なにごとも」あるいは「なにやかや」という意味であろうか。なんでもかんでも大変だといったことを示しているようである。

⑪**ますかた（益方）**　親鸞と恵信尼の息子。俗名は日野有房で出家して道性と称した。越後の益方に住んだ。

⑫**わらは**　元服前の男の子。第一通の注（1）参照。現代では「わらわ」と発音する。

⑬**けさ（袈裟）**　女性の名。

⑭**ことり（小鳥）**　女性の名。

⑮**めならは（女童）**　女性の下人。第一通の注（1）参照。

という名の女の下人は、子どもが一人もいない時に七歳の女の子を養わせました。その子は「ことり」につけてあなたの所に送りましょう。

もっとたくさん書きたいのですが、これで止めにしておきます。あなかしこ、あなかしこ。

(原文注)

(1)**もしたよりや候とて**(もし便りや候とて)

意味は、「もしかしたら京都のあなた(覚信尼)へ送ってもらえるつてがあるかもしれないと思って」ということである。

「たより」は「手紙」という意味もあるが、ここでは「便《びん》」「幸便」という意味である。恵信尼文書で使われている「たより」はすべて「幸便」という意味である。

(2)**ゑちう**(越中)

この手紙は、まず、恵信尼の越中の知り合いの人に送られたのである。

(3)**おなじ心に申候**(同じ心に申候)

意味は「私が聞いていたことと同じ内容が学者たちの本にも書かれています」ということである。

(4)**いきて候時**(生きて候時)

意味は、「自分が生存中にと思って」ということである。

恵信尼は自分の後世のため、生存中に間に合うように五輪塔を建てたいと願ったのである。「誰々のために」などという文章がついていない以上、そのように考えるしかない。それが当時の農村の領主の慣行の一つであったのであろう。恵信尼には領地もあれば下人もいる。彼女は、事実上、農村の領主である。

(5)そとば（卒塔婆あるいは率塔婆）

元来は古代インドの土饅頭型に盛り上げた墓のこと。釈迦の没後は記念碑の性格を帯びるようになり、釈迦の遺骨や遺髪・所持品などが埋められた上に煉瓦で造られた。

「卒塔婆」を略して塔婆、塔ともいう。日本では五重塔や三重塔などの建築物が有名である。平安時代後期以降、墓の上に塔を建てる風習が広まった。その塔は五輪塔や宝篋印塔が多かった。五輪塔は、密教で説くところの宇宙を形成する五大要素（地輪・水輪・火輪・風輪・空輪）を、下から方（四角）・円・三角・半円・宝珠の形で金銅や石で造って積み上げたものである。

日本で一般的になった卒塔婆は、後世、板の上部に五輪塔を形作って墓に建てるようになった。その風習は今日にも続いている。浄土真宗寺院では、本来、卒塔婆は建てなかった。しかし現代では建っている寺院も存在する。

(6)五ぢうに候いしのたうを、たけ七さくにあつらへて（五重に候石の塔を、丈七尺に誂へて）

「ぢう」は現代では「じゅう」と発音する。内容は、高さ七尺の石の五輪塔を制作する準備を整えた、ということである。おおまかな図面を作って「たふし（塔師）」に見せたのである。とても大きな五輪塔である。

(7)ますかたのとこれのと、なにとなくおさなきものども（益方のとこれのと、なにとなく幼きものども）

意味は、「益方（有房）の子どもたちとここの家の子どもたち」ということである。

「これのと」というのは、小黒女房の子どもたちを示している。「恵信尼はすでに亡き小黒女房の子どもたちを、小黒女房が亡くなってから引き取った」というようにも、「小黒女房は最初から恵信尼と同居していて、夫が通ってきていた。小黒女房が亡くなってから、その子どもたちの面倒を恵信尼がそのままみている」というようにも取れる。当時の結婚生活のあり方からいうと、後者の方が可能性が高い。

(8)ものもきず（物も着ず）

衣類と食物を交換したので、着物がなくなってしまったのである。

(9)しろきもの（白き物）

「しろきもの」は、本来は「おしろい（白粉）」という意味であるが、「しろ」には「染めていない」という意味もあるので、模様や染がなくて下着に使っていた衣類であろうか。

(10)一もきず候へば（以下欠）**一人候**

「一もきず候へば」で、そこまで書いていた料紙が終り、続きが書かれていたはずの次の料紙が紛失してしまっている。続きの内容はわからない。その続きの内容である「一人候」とそれ以下は、この料紙の右端の余白から上方、行間に書かれている。ここまでの文章で五輪塔の費用捻出が苦しくなったことが推測される。

(11)おとほうし（弟法師、乙法師）

「おと」は、「乙」または「弟」の漢字をあてる。いずれも兄弟姉妹で弟または妹のこと。「ほうし」は僧侶のことであるが、幼児はまだ髪の毛がよく伸びていないので僧侶を思い起こさせる。それで元服前の男の子のことも意味した。したがって「おとほうし」というのは、名前ではなく、兄弟姉妹の中の末っ子の男の子、という意味となる。

逆に、僧侶も必ずしも頭をきれいに剃りあげていたわけでもなかった。ずいぶん髪の毛が伸びてしまった僧侶もいたのである。

(12)とう四郎

「おとほうし」が元服し「とう四郎」となった。

子どもの元服は、男性は十五、六歳、女性は十三歳。貴族の女性は十三歳になれば朝廷や上級貴族の屋敷で仕えることができた（その歳以下の女の子が使い走りなどをすることはあった）。

（13）**つくしがたくて、かたくて**（尽し難くて、難くて）

「かたくて」が二回書かれている。文法的には誤りであるが、「もっとたくさん書きたい」という恵信尼の気持ちが切実に示されている。

第八通

＊第八通は長文のため、全体を（A）から（D）の四つに分けて検討した。（A）（B）が本文で、改行は一箇所もない。（C）は追伸、（D）はそのまた追伸である。

（解　説）

第八通は、越後の恵信尼が京都の覚信尼に送った手紙で、この時恵信尼は八十三歳、覚信尼は四十一歳である。文永元年（一二六四）に書かれた手紙としては、第七通に続く二通目である。

まず五輪塔を何としても建てたいことと、自分が亡くなっても子どもたちに建ててほしいこととを訴えている（**Aの部分**）。また覚信尼への強い思いが、「会いたいけれど会えない、せめてひんぱんに手紙のやり取りをしたいけれども、それもできない」として示されている（**Bの部分**）。

追伸には、衛門入道なる者が手紙を届けてくれることがとてもうれしいと記され（**Cの部分**）、さらに覚信尼に譲るべき下人の様子について記してある（**Dの部分**）。

(原文A)

たより①(1)をよろこびて申候。たび〳〵びんには申候へども、まいりてや候らん。ことしは八十三になり候が、こぞことしはしにとしと申候へば(2)、よろづつねに申うけたまはりたく候へども、たしかなるたよりも候はず。さて、いきて候時と思候て②、五ぢうに候たうの七しやくに候いしのたう③をあつらへて候へば、このほどはしいだすべきよし申候へば④、いまはところどもはなれ候て(3)、げにんどももみなにげうせ候ぬ。よろづたよりなく候へども、いきて候時たてゝもみばやと思候て、このほどしいだして候なれば、これへもつ⑤ほどになりて候ときゝ候へば、いかにしてもいきて候時たてゝみばやと思候へども、いかやうにか候はんずらん(4)。そのうちにもいかにもなり候はゞ⑥、こどもゝたて候へかし⑦と思て候。

(意訳A)

よいつてがあったので手紙を送れることを喜んでいます。何度か、つてを頼って手紙を送りましたが、届いておりますか。私は今年八十三歳になりました。昨年の八十二歳と今年の八十三歳は厄年で死ぬことが多いということです。それで

①**たより(便り)** 「たより」には「手紙」という意味と「都合のよい便《びん》」という意味があるが、ここでは後者。

②**いきて候時と思候て(生きて候時と思候て)** 自分が生存中にと思って。第七通の注(4)参照。

③**五ぢうに候たうの七しやくに候いしのたう(五重に候塔の七尺に候石の塔)** 高さ七尺の五輪塔。第七通の注(5)(6)参照。「ぢう」「たう」はそれぞれ現代では「じゅう」「とう」と発音する。

④**このほどはしいだすべきよし申候へば(このほどは仕出すべき由申候へば)** まもなく五輪塔の各部分ができあがると塔師がいっているので。主語は塔師。

どのようなことでも、いつもあなたのお話をうかがいたいのですけれども、手紙を送るのに幸便もありません。ところで、この世にいる間にと思って、五重で七尺の石塔の制作を石工に頼んでおきましたところ、近ごろ準備が整ったのでこちらへ運んでこられるということでした。それで、どうしてもこの世にいる間に建てたいと思っていますが、どうなるでしょうか。建てる費用がなくなってしまいましたし。そうこうしているうちに命が亡くなってしまったら、子どもたちに建ててほしいと思います。

⑤**これへもつ**（**これへ持つ**） 恵信尼の住所へ持ってくる。

⑥**いかにもなり候はゞ** 死んでしまったら。

⑦**たて候へかし**（**建て候へかし**） 建ててくれますよね。

〈原文注A〉

（1）**たより**（便り）

「たより」は恵信尼の手紙では第八通だけではなく他にも出ているが、すべて「幸便」「都合のよい便」の意味で使われている。

（2）**こぞことしはしにとしと申候へば**（昨年・今年は死年と申し候へば）

意味は、「八十二歳と八十三歳は死ぬことの多い年といわれているので」ということである。当時の平均寿命は四十二、三歳なので、八十二歳・八十三歳はその倍の年齢である。恵信尼は大病したので、「そろそろこの世で生きることも終りか」と思ったのであろう。

ちなみに、日本で平均寿命の調査が公式に始まった明治二十二年（一八八九）、その年の平均寿命は四十三歳前後であった。親鸞のころの平均寿命が四十二、三歳でも驚くにはあたらない。また平均寿命が五十歳を越えたのは、昭和二十五年（一九五〇）である。

（3）ところどもはなれ候て（所ども離れ候て）

意味は、「もとの住所を離れて」ということである。もとの所に住んでいたのでは食料を得られなかったのであろう。生活ができる所へ引っ越したのである。

（4）いかやうにか候はんずらん

飢饉で資金が尽きたので、塔師に手間賃が払えないかもしれないから、建てられるかどうかと、恵信尼は苦しい財政状況を伝えている。

〈原文B〉

なにごともいきて候し時はつねに申うけたまはりたくこそおぼえ候へども、はる〲とくものそとなるやうにて候こと、まめやかに①おやこのちぎりもなきやうにてこそおぼえ候へ。ことには、おとご②にておはしまし候へば、いとをしきことに思まいらせて候しかども、みまいらするまでこそ候はざらめ、つねに申うけたまはる事だにも候はぬ事、よに心ぐるしくおぼえ候。

五月十三日（1）

①**まめやかに**　非常に。心がこもっていること。
②**おとご**（**弟子、乙子**）　末っ子。

（意訳Ｂ）

どんなことであっても、この世にいる間はいつもあなたからお話をうかがいたいと思っているのです。でも京都と越後と離れていて、あなたは遠く遠く雲のかなたにいるようで、心のこもった親子の縁もないような気がしてしまいます。特にあなたは末っ子でいらっしゃるのでかわいくてたまりません。お目にかかることまではできませんが、いつもお話をお聞きしたいのです。でも、それもできません。とてもつらいです。

五月十三日

（原文注Ｂ）

（１）五月十三日

「五月十三日」の右に、別筆（恵信尼の筆跡ではない）で小さく「文永元年甲子」と書かれている。

京都・鴨川から比叡山を望む。

文永元年（一二六四）は弘長四年だったが、二月　二十八日に年号が文永に改められた。

（原文C）

(1)これはたしかなるたよりにて候。時に①こまかに〳〵申たく候へども、たゞいまとて②このたよりいそぎ候へば、こまかならず候。又、このゑもんにうだう③(2)殿の御ことばかけられまいらせて候とて、よろこび申候也。このたよりはたしかに候へば、なにごともこまかにおほせられ候べし(3)。あなかしこ。

①**時に**　さて。
②**たゞいまとて**（**ただ今とて**）　もうすぐ出発されるとのことで。
③**ゑもんにうだう**（**衛門入道**）　男性の通称。「にうだう」は現代では「にゅうどう」と発音する。

（意訳C）

この手紙は確実に届くと思います。さて、いろいろ詳しく書きたいのですけれども、手紙を持って行ってくださる方がもうすぐ出発するからと急いでおられるので、細かくは書けません。この衛門入道殿が、「手紙を持って行ってあげるよ」とお声をかけてくださったのを喜んで手紙を書いています。この方は信頼できますから、どんなことでも詳しくお話しください。あなかしこ。

（原文注C）

（1）これはたしかなる……あなかしこ

手紙の料紙の右端と、その上部に記されている。直前に「五月十三日」と書いて花押を捺して手紙を終えようとしたが、月日を記したところでさらに書きたくなって「これはたしかなる」と続けたのであろう。

（2）ゑもんにうだう（衛門入道）

衛門入道とは、朝廷の衛門府に勤めていたことがあって、出家した人の通称。衛門府とは、宮城の警備や天皇の行幸の護衛などにあたる役所。左衛門府と右衛門府とがあった。諸国から徴発された者を率いてその任にあたった。徴発されたのは、本来、各国に置かれた数百人単位の軍団の兵士からであった。その兵士は、有力豪族層の若者が主であったようである。

したがって、衛門入道は地元の有力者、武士クラスの者で、名誉ある衛門府勤務の経験者であったと推定してよいであろう。

衛門入道は恵信尼と親しく、彼女の娘が京都にいることを知っていてわざわざ声をかけてくれたのである。「よろこび申候」、これで覚信尼に手紙を書けると喜ぶ恵信尼のはずんだ気持ちが察せられる。

（3）なにごともこまかにおほせられ候べし（何事も細かに仰せられ候べし）

意味は、「どんなことでも細かく衛門入道さんにお話しくださいね」ということである。

恵信尼は覚信尼の生活のことを何でも知りたいのである。衛門入道ならば全部私に伝えてくださる。恵信尼はそのように覚信尼にいっている。

（原文D）

(1)せんあく、それへのとの人ども(3)は、(2)もと候しけさ①と申もむすめうせ候ぬ。いまそれのむすめ一人候。はゝめもそろうもの②にて候。さて、おとほうし③と申候しは、おとこになりて④とう四郎⑤と申と。又、めのわらはのふたば⑥と申めのわらは、(4)ことしは十六になり候めのわらはゝ、それへまいらせよと申て候也。なにごとも、御ふみにつくしがたくてとゞめ候ぬ。又、もとよりの⑦ことり⑧、七ご⑨やしなはせて候。

五月十三日　　花押（恵信尼）

（意訳D）

あなたに譲る下人たちについていいますと、もとからいる「けさ」という女も、娘が亡くなってしまいました。「けさ」の娘は一人になってしまいました。「けさ」本人も病弱の者です。また「おとほうし」といいます男の子が大人になって「とう四郎」といっています者と、「ふたば」という今年十六歳になる女の下人には、あなたの所へ行きなさいといってあります。いろいろなことが思うように書ききれないので、これで止めます。また、もとからいる「ことり」という下人に

①**けさ（袈裟）**　女性の名。
②**そろうもの（所労者）**　病気がちの者。現代では「しょろうもの」と発音する。
③**おとほうし（弟法師、乙法師）**　末っ子の男の子。第七通の注(11)参照。
④**おとこになりて（男になりて）**　成人して。
⑤**とう四郎（藤四郎）**　男性の名。
⑥**ふたば（双葉）**　女性の名。
⑦**もとよりの**　以前からいる。
⑧**ことり（小鳥）**　女性の名。
⑨**七ご（七児）**　七歳の子。「ななご」と読む。

七歳の女の子を養わせています。

五月十三日

花押（恵信尼）

（原文注D）

（1）**せんあく……花押（恵信尼）**

この文章は、料紙の左端に書かれている。

（2）**せんあく、それへのとの人どもは**（善悪、それへの殿人どもは）

意味は、「どうしてもあなた（覚信尼）に遺産として譲りたい下人たちは」ということであろう。

第一通、第二通、第七通、第八通、第九通、第十通、と全十通のうち六通も覚信尼に譲る下人の話が出てくる。もちろん恵信尼文書で残っているのがこの十通であるのは、多分に偶然の要素もあるとは思うが、恵信尼の強い関心の一つが下人のことであったことを示しているだろう。

（3）**との人**（殿人）

大臣クラスの貴族の家に出入りする人、またはそれらの貴族の家人を指す。家人というのは、貴族や武士に親子代々仕えている人を指している。下人などの奴婢ではない。ただ恵信尼は覚信尼を敬う形で高い身分の人として扱い、下人も家人に格上げしている。

（4）**めのわらは……めのわらは**（女の童）

恵信尼は不必要に二回「めのわらは（女の童）」と書いてしまっている。

第九通

＊第九通は長文のため、全体を（A）から（D）の四つに分けて検討した。（A）から（C）までが本文で、改行は一箇所もない。（D）は追伸である。

（解　説）

第九通は、越後にいる八十六歳の恵信尼が、京都の覚信尼に送った手紙である。覚信尼は四十四歳。まず、恵信尼は一年前から腹の病を患っていること、年のせいでぼけかかっていると自覚していることなどを述べている（Aの部分）。次いで覚信尼に譲るべき下人たちの様子を、こまごまと、また要領よく記している（Bの部分）。覚信尼からきれいな小袖をもらってとてもうれしいこと、覚信尼の娘は結婚したか心配であること、他の子どもたち（恵信尼にとっては孫にあたる）のことをたくさん知りたいことなどが書かれている（Cの部分）。小袖は「よみじ小袖」として使いたいのである。

そして追伸に旧知の人たちの名をあげて、懐かしく思う心も示している（Dの部分）。

なお、手紙の奥付に「わかさ殿申させ給へ　ちくぜん　とびたのまきより」（わかささん、覚信尼さんへお伝えください。とびたのまきのちくぜんから）と記されている。

(原文A)

たより①をよろこびて申候。さてはこぞの八月のころよりとけばら(1)のわずらはしく候し、ことにふれてよくもなりへず候ばかりぞわづらはしく候へども、そのほかはとしのけ②にて候へば、いまはほれて③さうたいなく④(2)こそ候へ。ことしは八十六になり候ぞかし。とらのとしのものにて候へば(3)。

①**たより**(**便り**) 幸便。
②**としのけ**(**年の気**) 年を取ったために。
③**ほれて**(**惚れて、耄れて**) ぼけてしまって。
④**さうたいなく**(**正体なく**) 正気がなく。現代では「しょうたい」と発音する。

(意訳A)

確実なつてがあって手紙を送れることをうれしく思っています。それから、昨年の八月のころからひどい下痢が続いています。どうもよくならないので困っていますが、その他は年のせいでぼけて、しっかりした気持ちがなくなってしまいましたよ。私、今年は八十六歳ということになりました。寅年生まれですので。

(原文注A)

(1)**とけばら**(融け腹か) 下痢のことらしい。昨年の八月あたりから続いているとあるから、一年あまりも腹の調子が悪いのである。

(2)さうたい（正体）**なく**

恵信尼は「さうたいなくこそ候へ」と強調して、「ぼけて、しっかりした気持ちがなくなってしまった」と自分のことを説明している。

(3)ことしは八十六になり候ぞかし。とらのとしのものにて候へば（今年は八十六になり候ぞかし。寅の年の者にて候へば）

「私はすっかりぼけてしまったのではっきりしませんが」との前提で、「私は、今年八十六歳になりましたよね、寅年生まれですから」と覚信尼に確認を求めているのである。八十六年前の寅年は、養和二年（寿永元年、一一八二）、壬寅《みずのえとら》年である。

（原文B）

又、それへまいらせて候し①やつばら②もとかくなり候て(1)、ことり③と申候、としごろ④のやつ(2)にて三郎た⑤と申候しがあいぐして候⑥が、入道になり候てさいしんと申候(3)。入道めにはちあるもの(4)ゝなかのむまのぜう⑦(5)とかや申て、御け人にて候もの⑧(6)ゝむすめの、ことしは十やらんになり候を、はゝはよにおだしくうく⑨候し⑩、かゞ⑪と申てつかひ候しが、ひとゝとせのうむびやうのとしし⑫にて候。をやも候はねば、ことりもこなきものにて候。時にあづけて候也(7)。

①**それへまいらせて候し**（**それへ進らせて候し**）あなたに譲ることをすでに約束した。

②**やつばら**（**奴ばら**）下人たち。複数の人を卑しんでいうことば。

③**ことり**（**小鳥**）女性の名。

④**としごろ**（**年ごろ**）長年。

それ又、けさ⑬と申候しむすめのなでし⑭と申候しがよによく候しも、うむびやうにうせ候ぬ。そのはゝ⑮の候も、としごろかしらにはれものゝとしごろ候しが⑯、それもたふじ(8)□□にて、たのみなきと申候。そのむすめ一人候は、ことしは廿になり候。それとことり、又い□く。

又、それにのぼりて候し時、おとほうし⑰とて候しが、このころ□う四郎⑱と申候は、まいらせんと申候へば、ちゝはゝうちすてゝはまいらじと、こころにはまうし候⑲と申候へども、それはいかやうにもはからい候。かくゐ中に□にみをいれて、⑳かはりをまいらせんともくりさわ㉑(9)が候はんずれば申候べし(10)。たゞしかはりはいくほどかは候べきとぞおぼえ候。これらほどのおとこはよに□□なく申候。

（意訳B）

また、あなたに譲ると約束しました下人たちも、いろいろと変化がありました。「ことり」というのは長年使っている者で、「三郎た」という者と夫婦になっていました。その「三郎た」は出家して「さいしん」といいます。「さいしん」の縁戚で「むまのぜう」とかいう、武士の家来になっている者がいます。その「むま

年来。
⑤三郎た（三郎太） 男性の名。
⑥あいぐして（相具して） 夫婦関係になって。
⑦むまのぜう（右馬の丞） 男性の通称。現代では「うまのじょう」と発音する。
⑧御け人（御家人） 家来。
⑨よにおだしく（世に穏しく） とても穏やかな性格で。
⑩うく かわいらしく。
⑪かゞ（加賀） 女性の名。
⑫うむびやう（温病） 現代では「おんびょう」と発音する。
⑬けさ（袈裟） 女性の名。
⑭なでし 女性の名。
⑮そのはゝ（その母） 「けさ」のこと。
⑯かしらにはれものゝとしごろ候しが（頭に腫物の年ごろ候しが） 頭に腫物ができて長年治らない

のぜう」の娘で、今年十歳でしたかの年齢になっている者がいます。その子の母親は大変おとなしくかわいい人で、名は「加賀」といい、下人として使っていました。しかし先年に熱病がはやった年に死んでしまいました。娘は親がいなくなってしまいましたので、「ことり」も子がおらず、ちょうどいいので「ことり」に育てさせることにしました。

それからまた、「けさ」の娘の「なでし」という者は、いい子だったのですが熱病で死んでしまいました。その母の「けさ」は近年頭に腫物ができ、現在ではかなり悪くなり、回復が難しいといっています。「けさ」にはもう一人娘がいて、今年二十歳になりました。それと、「ことり」と「い□く」という者もいます。

また「おとほうし」を上京させたことがありますが、この者は最近「とう四郎」といっています。「とう四郎」に「京都の覚信尼の所へ行きなさい」といいますと、「父母を捨ててしまって京都へ行くことはできません」と内々にはいっているようです。でも、それは何とでもいたしましょう。このような田舎であっても、本気になれば何のことはありません、栗沢の信蓮房が代わりの者を手配してくれるでしょう。代わりの者は何人かはいると思いますが、「とう四郎」ほど優れた男は少ないとはいっています。

でいますが。

⑰**おとほうし**（**弟法師、乙法師**） 末の男の子。第七通の注(11)参照。

⑱**□う四郎** 第八通に出る「たう四郎」であろう。

⑲**こころにはまうし候**（**心には申候**） 内々では申している。

⑳**みをいれて** 本気になって。

㉑**くりさわ**（**栗沢**） 栗沢に住む信蓮房のこと。親鸞と恵信尼の息子。

（原文注B）

（1）**とかくなり候て**

意味は、「いろいろと状態に変化があって」ということであるが、当時の習慣として、譲ることを約束した下人や領地の状況変化を、折に触れて知らせる義務があったのかどうだろうか。

（2）**やつ**（奴）

下人身分の者を指すことば。

（3）**入道になり候てさいしんと申候**（入道になり候て西信と申候）

意味は、「出家して法名を西信（？）と名のっています」ということである。出家といっても、下人身分の者が寺院に入って正式に出家したとは考えがたい。「三郎た」が下人身分であるというのは、恵信尼が彼を「としごろのやつ」「入道め」と下人身分を表す「やつ」「め」をつけて呼んでいることから推察される。

（4）**ちあるもの**（血ある者）

「血の筋」とか「血のゆかり」という意味と同様、血縁関係にある者という意味であろう。

（5）**むまのぜう**（右馬の丞）

朝廷の馬寮のうち、右馬寮に仕える者の第三等官。馬寮は中央政府の馬の飼育を担当する。左馬寮もある。

（6）**御け人**（御家人）

「家人」とは、親子代々ある主人に仕えている家来のことである。ある主人とは貴族であったり武士であったりする。当時、家来には二種類あった。一つは右のような「家人」であり、もう一つは「家礼《けらい》」である。家礼は親子代々の家来ではなく、近年に仕えたばかりの者たちをいう。家人は主人を裏切ってはいけないが、家礼は必ずしもそのことに縛られない、ということもあった。

第九通の「御け人」は、「家人」に敬称をつけたものとも考えられるが、また鎌倉幕府の将軍の家来としての「御家人」とすることもできる。

(7)**御け人にて候ものゝむすめ……はゝは……かゞ……ことり……あづけて候也**（御家人にて候者の娘……母は……加賀……小鳥……預けて候也）

父は御家人で、母は恵信尼の侍女の「かゞ」である「むすめ」を、下人の「ことり」に育てさせたのである。すると「かゞ」も下人身分であったことになるし、「むすめ」も下人として生きることになる。その「むすめ」は、第十通に「それへまいらせんとて」（覚信尼に差し上げようと思って）とあるから、明らかに下人身分となっている。

当時、武家法では、息子は父親の身分を継ぎ、娘は母親の身分を継ぐというのが基本であった。「かゞ」から生まれた「御け人」の子どもが男であったなら、下人ではなかった。幼時に父親に引き取られて（第一通の注〈3〉参照）身分相応の育てられ方をしたはずである。むろん例外は常にあるけれども、京都などを除く国のほとんどは、武士が実質的に支配しているし、武家法が人々の生活の規範となっていた。

(8)**たふじ**（当時）

「たふじ」は現代では「とうじ」と発音する。「当時」は、「現在」という意味である。以下の文に「たのみなき（頼みなき）」（重病である）とあるから、そのころ病が篤かったのであろう。

(9)**くりさわ**（栗沢）

親鸞と恵信尼の息子信蓮房。親鸞が越後に流されて四年後の承元五年（一二一一）三月三日に生まれた。越後の栗沢に住んでいた。

(10)**くりさわが候はんずれば申候べし**（栗沢が候はんずれば申候べし）

意味するところは、「栗沢がいますので、指示しましょう」ということである。恵信尼から覚信尼へ譲る下人のことについては、信蓮房が引き受けていたようである。

（原文C）

又、こそで①たび〳〵たまはりて候。うれしさ。いまはよみぢこそでにて、きぬ②も候はんずれは申ばかり候はずうれし□候也。いまはあまりきて候ものは、さいごの時の事はなしては思はず候。いま、時日③をまつみにて候へば。又、たしかならんびんにこそでたぶべきよし、おほせられて候し。このゑもん入道のたよりは、たしかに候はんずらん。

又、さいしやう④殿はありつき⑤ておはしまし候やらん。よろづきんだち⑥の事ども皆うけ給りたく候也。つくしがたくてとゞめ候ぬ。あなかしこ、〳〵。

九月七日

①**こそで**（**小袖**）　袖口の狭い着物。
②**きぬ**（**絹**）　絹の着物。
③**時日**　臨終の日。
④**さいしやう**（**宰相**）　覚信尼と日野広綱の娘の光玉のこと。現代では「さいしょう」と発音する。
⑤**ありつき**（**在り付き**）　頼りにする人や所を得る。この場合には頼りにできる夫を得ること。
⑥**きんだち**（**公達、君達**）　貴族の子女。覚信尼の子どもたち。

（意訳C）

また、小袖を何度もいただきました。うれしいです。今回いただいたのは、亡くなった時に着せてもらう「よみぢこそで」に使えます。また普段の衣類も入っていましたので、お礼の申しようもなくうれしいです。今は、着古したものでもまったく気になりません。亡くなった時に着せてもらう衣装は別にしまして。今は往生する日を待っている身ですので。また、安心できる人がいたら小袖をくださるというお話でしたので、この衛門入道に預けてください。確実に私の所へ届けてくださると思います。

また、「さいしやう」さんは結婚されましたかどうですか。あなたの息子や娘のことについて、いろいろなことを全部聞きたいです。いろいろ書きたいのですが、きりがなくてこれで止めます。あなかしこ、あなかしこ。

九月七日

(原文注C)

(1)**こそで**(小袖)

袖口の狭い衣。

本来は下着であったが、普段着となり、この時代には晴れ着にも使用されていた。

(2)**よみぢこそで**(黄泉路小袖)

意味は、「極楽浄土に迎えてもらうための晴れの着物」ということである。

当時、阿弥陀仏に極楽浄土に迎えてもらうためには、臨終にあたって身を浄め、高価できれいな(可能な限り)晴れ着を着ていなければならない、と思われていた。

覚信尼が「よみじ小袖」に使えそうなきれいな小袖を何度も送ってきて、さらにその下着に使う「きぬ」も送ってきてくれたので、恵信尼はとても喜んでいる。「うれしさ……申ばかり候はず」「うれし□候也」と繰り返し感謝している。

「よみじ小袖」に示されるように、臨終を迎える時に着る衣装にこだわるのは恵信尼だけではなく、当時の人たちに共通した意識であった。法然も臨終の時のために準備していた、慈覚大師円仁の所有であった九条の袈裟（九幅の布をつなぎ合わせて作った袈裟）をかけて亡くなっている（醍醐本『法然上人伝記』その他）。

法然の門弟たちも臨終の時には九条の袈裟をかけている。たとえば西山の証空は、「清浄の内衣を着し、大衣をかけて」亡くなったという（『四十八巻伝』）。「大衣」とは九条ないし二十五条の袈裟のことである。きれいな、由緒のある衣装で臨終を迎え、極楽浄土をめざそうとしていたのである。恵信尼もその風潮の中で極楽往生を願っていた。

法然は臨終行儀を否定したが、これはその後にはあまり受け入れられなかったようである（小山聡子氏のご教示による）。臨終行儀というのは、臨終をまぢかにした時に行うべきさまざまな法要。極楽浄土へ往生するために必要とされていた。

（3）**きぬ**（絹）

普通の小袖は麻系で織るが、これは絹で織ってあったのであろう。恵信尼はとても喜んでいる。これをよみじ小袖に使おうかと思っている気配である。

（4）**さいしやう**（宰相）

「さいしやう」は、覚信尼と日野広綱との間の娘である光玉の呼び名。光玉は後に従兄の如信と結婚して奥州大綱に下った。

（原文D）

又①、わかさ殿②も、いまはとしすこしよりてこそおはしまし候はめ。あはれ、ゆかしく③こそ思候へ。としよりてはいかゞしく④みて候人も、ゆかしくみたくおぼえ候けり。かこのまへ⑤の事のいとをしさ⑥。上れんばう⑦の事も思いでられてゆかしくこそ候へ。あなかしこ、〳〵。

（意訳D）

また「わかさ」さんは、今は少し年を取られたでしょう。とても懐かしく思っています。年を取ってくると、昔にはどうかと思われた人でも、慕わしく会いたいと思うようになります。「かこのまへ」はお気の毒なことでしたし、上蓮房のことも思い出されてとても懐かしいです。あなかしこ、あなかしこ。

①「又、わかさ殿」以下、料紙の右端の余白に書かれている。

②**わかさ殿（若狭殿）** 覚信尼に仕えている女性。

③**ゆかしく** 懐かしく。

④**いかゞしく（如何しく）** 見苦しい。

⑤**かこのまへ（かこの前）** 「かこ」は女性の名前。「の・まへ（前）」は女性の名前につけて敬意を表すことば。

⑥**いとをしさ** かわいさ。

⑦**上れんばう（上蓮房）** 「ばう」は現代では「ぼう」と発音する。上蓮房の伝記は未詳。

第十通

＊第十通は、長文のため、全体を（A）から（F）までの六つに分けて検討した。原本には改行は一箇所もない。

〔解　説〕

第十通は、恵信尼八十七歳、覚信尼四十五歳の文永五年（一二六八）に書かれている。この手紙には、まず、年を取って物忘れがひどくなったけれども、体調はまったく悪くないことなどが記され（Aの部分）、続いて、そろそろ往生する日を待っていることや、そのためのきれいな「小袖」が準備できてうれしいことが書かれている。そして、この世で覚信尼にもう一度会いたいし、孫たちのこともいろいろ知りたいなどとある（Bの部分）。そしてお互いに念仏を称えて極楽で巡り合いたいと願い、さらに「極楽は暗くはない所」という極楽浄土観も示している（Cの部分）。孫のことも知りたいと繰り返している（Dの部分）。

また例によって、覚信尼に譲るべき下人たちのことについても、細かく記してある（Eの部分）。最後に息子の信蓮房の行動に不審の感を抱いたり、孫の光玉の結婚を心配したりしている（Fの部分）。

(原文A)

たより①をよろこびて申候。さてはことしまであるべしとはおもはず候つれども、ことしは八十七やらむになり候。とらのとしのもの②にて候へば、八十七やらん八やらむになり候へば、いまは時日③をまちてこそ候へども、としこそおそろしく④なりて候へども、しわぶく⑤事候はねば、つわき⑥などは□事候はず。こしひざうたす(1)ると申□とも、たふじ⑦(2)までは候はず。たゞいぬのやうにてこそ候へ(3)とも、ことしになり候へば、あまりにものわすれをし候て、ほれたる⑧やうにこそ候へ。さてもこぞよりは、よにおそろしき事どもおほく候也。

(意訳A)

確実に手紙を届けてくださる人がいましたので、うれしく、手紙を書いています。ところで、今年まで生きているとは思いませんでしたが、今年は八十七歳とかになりました。私は寅年生まれですので、八十七、八歳になった今は往生の日をしっかりと待っています。でも、年こそ驚くべき年齢になりましたが、咳も出ず、痰などが絡むこともありません。腰をもんだり、膝を叩いてもらうことも、今まではありません。ただもう丸まった犬のようにしています。今年に入ると、

①**たより**(**便り**) 幸便。
②**とらのとしのもの**(**寅の年の者**) 寅年生まれの者。
③**時日** 命が尽きる日。
④**おそろし**(**恐ろし**) 驚くべきである。
⑤**しわぶく**(**咳ぶく**) 咳をする。
⑥**つわき** つば。
⑦**たふじ**(**たうじ。当時**) 現在。現代では「とうじ」と発音する。
⑧**ほれた**(**惚れた、耄れた**) ぼけた、呆けた。

あまりに物忘れがひどくて、ぼけたようになってしまいました。それにしても、昨年から世の中では大変なことがたくさん起きています。

〈原文注A〉

（1）**こしひざうたする**（腰、膝打たする）

体力が衰えてきた時、軽く叩いて適当な刺激を与えること。恵信尼は、八十七歳になってもそのようなことをしてもらう必要は感じない、といっているのである。

（2）**たふじ**（たうじ。当時）

「当時」は過去のある時点のことを指すが、いまでは、恵信尼のころの「現在」という意味とは異なってしまった。

（3）**いぬのやうにてこそ候へ**（犬のやうにてこそ候へ）

意味するところは、「ほんとうに犬のようになってしまいました」ということである。そのころは、現代と違って犬は放し飼い、猫は紐につながれているのが普通であった。そこで恵信尼は自分を、そのへんにいる犬がただぼやっと座り込んでいる様子に譬えたのである。

（原文B）

又、すりい①のも、のたよりに、あやのきぬ(1)たびて候し事、申ばかりなくおぼえ候。いまは時日をまちてゐて候へば、これをやさいごにて候はむずらんとのみこそおぼえ候へ。たふじまでもそれよりたびて候しあやのこそでをこそ、さいごの時のと思(2)てもちて候へ。よにうれしくおぼえ候。きぬのおもて(3)もいまだもちて候也。

又、きんだち②の事よにゆかし③くうけ給はりたく候也。上のきんだち④(4)の御事もよにうけ給りたくおぼえ候。あはれこのよにていまいちどみまいらせ、又、みへまいらする事候べき(5)。

①**すりい**　未詳。地名ではないだろうか。

②**きんだち（公達）**　貴族の若者のこと（男女を問わず）。君達とも書く。

③**よにゆかし（世に床し）**　とても知りたい。

④**上のきんだち（上の公達）**　覚信尼と日野広綱との息子である覚恵のこと。嘉禎三年（一二三七）の生まれ。

（意訳B）

また「すりい」に住んでいる者を通じて、あなたが綾織の衣類をくださったことは、いいようがないくらいうれしいです。私は、今はもうすぐ来るであろう往生の日を待っている身ですので、あなたからのいただきものは、これが最後になるだろうなあと強く思っています。今も、あなたからいただだいた綾の着物を、これこそ最後の時の小袖にしようと思って大事に持っています。とてもうれしいです。絹の着物もまだ持っています。

またお子さんたちのことを、心の底から知りたいと思っています。上のお子さんのこともほんとうに知りたいです。ああ、この世でもう一度あなたにお目にかかれて、あなたにも私を見ていただく機会があるでしょうか。

(原文注B)

(1)**あやのきぬ**（綾の衣）

いろいろの模様を織り出した絹織物で作った衣。大変高価であった。

(2)**さいごの時のと思て**

意味は、「臨終の時に着るよみじ小袖と思って」ということである。極楽浄土を期すためには、臨終の時にきれいな衣装をつける必要があると思われていた。それがよみじ小袖である。なお、よみじ小袖については、第九通Cの注(1)(2)参照。

(3)**きぬのおもて**（絹の表）

意味は、「上着として着る絹の着物。絹の表着《うわぎ》」ということである。恵信尼は八十六歳の時に覚信尼にもらった「きぬ」をよみじ小袖の候補の一つとして考えていたようである。この時の「きぬ」については、第九通Cの注(3)参照。

(4)**上のきんだち**（上の公達）

覚恵は覚信尼十三歳の時の子どもなので、この時三十二歳になっていた。覚恵は七歳で父を失い天台宗の青蓮院で出家して宗恵と名のり、通称を中納言阿闍梨とした。のち、善法院の尋有の門に入ったが、天台宗の世界で生きることを諦め、覚信尼が住む東山の屋敷に帰った。

当時、母方の祖父が僧侶ならば孫は出家するという風習があった。覚恵の母方の祖父は親鸞であり、覚信はこの風習に従ったものであろう。

また覚恵の誕生は嘉禎三年（一二三七）より数年後であるという説もある。ただし当時女性は十三歳になると大人とみなされていた。太政大臣久我通光家に仕えていた覚信尼のもとに、日野広綱が通ってきて覚信尼が十三歳のうちに覚恵が生まれたとしてもおかしくない。なお、広綱は親鸞の従兄弟である日野信綱の息子である。信綱は出家して尊蓮と称し、親鸞の信仰をよく理解して『教行信証』の書写を最初に認められた人物であった。

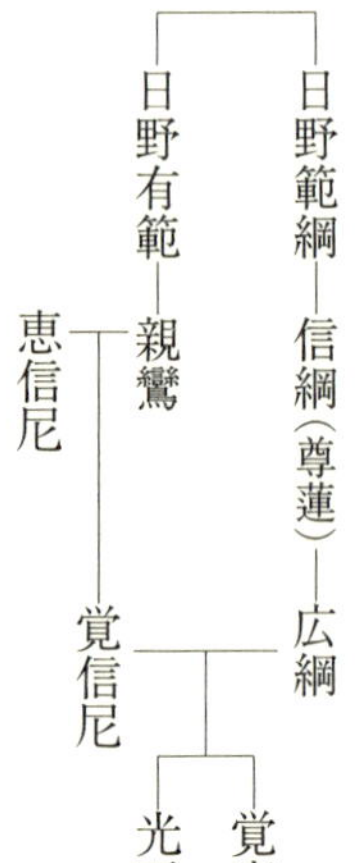

（5）あはれこのよにていまいちどみまいらせ、又、みへまいらする事候べき（あはれこの世にて今一度見参らせ、又、見へ参らすること候べき）

意味は、「ああ、この世であなたをもう一度見させていただくことがあり、あなたに私をもう一度みていただくことがあるでしょうか。とてもあるようには思えません」ということである。この文章にも、覚信尼に対する恵信尼の万感の思いが込められている。

（原文C）

わが身はごくらくへたゞいまにまいり候はむずれ①。なに事もくらからずみそなはし②まいらすべく候へば、かまへて③御念仏申させ給て、ごくらくへまいりあはせ給べし。なほ〱④ごくらくへまいりあひまいらせ候はんずれば、なにごともくらからずこそ候はんずれ(1)。

①**ずれ**　ある動作が起きることを表す。さ行変格活用の自動詞。
②**みそなはし**（**見そなはし**）　ご覧になる。
③**かまへて**（**構へて**）　よく心にかけて。必ず。
④**なほ〱**（**猶々**）　やはり。現代では「なおなお」と発音する。

（意訳C）

私は今すぐ極楽へ往くでしょう。極楽では阿弥陀様は何でもおわかりになっていますでしょうから、あなたも必ずお念仏を称えていただいて、極楽へ往ってお目にかかりましょう。なお、極楽でお目にかかれれば、極楽は暗くはない、すべて明らかな所だということがわかりますよ。

（原文注C）

(1)**ごくらくへまいりあひまいらせ候はんずれば、なにごともくらからずこそ候はんずれ**（極楽へ参り

会ひ参らせ候はんずれば、何事も暗からずこそ候はんずれ）

意味するところは、「あなた（覚信尼）が極楽で私（恵信尼）と会っていただくことができたなら、その極楽ではお互いの心の中も風景も、ほんとうに暗くはなくはっきりと見える所なのですよ」ということである。

「ごくらくへ」「くらからずこそ候はんずれ」というのは、まさに恵信尼が八十七歳で到達した極楽浄土観なのである。恵信尼は極楽浄土に金銀財宝や栄耀栄華を求めてはいない。また涼しい風が吹き冷たい水が流れ、果実がなる木があり、美声の鳥が鳴く風景も求めていない。ただ「なにごともくらからず」を求めている。それも「明るい所」ではなく、「暗くはない所」を求めているだけなのである。農村に住む恵信尼の、実にささやかな望みである。恵信尼の心の崇高さが思われるのである。その望みを、自分だけでなく、遠く離れた都にいて会いたいけれどもそれがかなわない娘と分かち合いたいと願っているのである。

（原文D）

又、このびんは、これにちかく候みこ(1)のおいとかやと申もの、びんに申候。あまりにくらく候てこまかならず候。又、かまへてたしかならんたよりには、わた①(2)すこしたび候へ。おわりに②候ゑもん入道③(3)のたよりぞ、たしかのたよりにて候べき。それもこのところに□□□ことの候べきやらんとき、候へども、いまだひろうせ

①**わた（綿）**　絹のこと。この時代には、まだ木綿はない。
②**おわりに**　地名か。「尾張に」であろうか。
③**ゑもん入道**　男性の通称。

ぬ事にて候也。

又、くわうず御ぜん④のしゆぎやうにくだるべきとかやおほせられて候しかども、これへはみへられず候也。又、わかさどの⑤のゝいまはおとなしくとしよりておはし候らんと、よにゆかしくこそおぼえ候へ。かまへてねんぶつ申てごくらくへまいりあはせ給へと候べし(4)。

なによりも〳〵きんだちの御事こまかにおほせ候へ。うけたまはりたく候也。おとゝしやらんむまれておはしまし候けるとうけ給はり候しは(5)、それもゆかしく思まいらせ候。

④**くわうず御ぜん**（**光寿御前**） 覚信尼と日野広綱との間の息子の覚恵のこと。覚恵については、Bの注（4）参照。「くわうず」は現代では「こうず」と発音する。

⑤**わかさどの**（**若狭殿**） 女性の名。覚信尼に仕えている女性。第九通にも出る。

（意訳D）

この手紙を持って行ってくださるのは、私の家の近くに住んでいる巫女の甥だとかいう人です。今はあまりに暗くて細かくは書けません。また、絶対に信頼できる人にあなたの手紙を託せる場合には、絹綿を少しください。「おわり」にいる衛門入道に持ってきていただければ安心なのですが。入道はこちらに来るということがあるだろうと聞いていますが、まだ人には伝えていません。

また、光寿御前が修行のために都を出て地方に行くとか仰っておられましたが、こちらにはいらしていません。また「わかさ」さんは穏やかな年齢になられたことだろうと、お目にかかりたく思っています。必ず念仏を称えて、極楽へご一緒に参りましょうと「わかさ」さんにお伝えください。

何よりも、特に、お子さんたちのことを詳しくお知らせくださいね。お聞きしたいです。一昨年でしたか誕生されたとうかがったお子さんのこともぜひ知りたいです。

〔原文注D〕

(1)**みこ**（巫女）

神に奉仕して、人々の願いを神に伝え、神のことばを伝達する役などをする女性。恵信尼はこの「みこ」の親しい隣人であったことになる。

(2)**わた**（綿）

絹のこと。木綿は室町時代に中国や朝鮮から輸入されて、高級衣料として贈答品にもなっていた。日本での栽培は、戦国時代に北九州や東海地方で広まったものである。

(3)**ゑもん入道**（衛門入道）

昔、朝廷の衛門府に仕えていた人で、すでに出家した人、と推定される。恵信尼の親しい知人。第八通と第九通にも出る。衛門府については第八通Cの注(2)参照。

(4)わかさどの……かまへてねんぶつ申てごくらくへまいりあはせ給へと候べし

意味するところは、「若狭どのにも、「必ず念仏を称えて極楽に往生してください、そこでお目にかかりましょう」と伝えてください」ということである。恵信尼は、覚信尼だけでなく、その侍女の「わかさ」にも一緒に極楽へ往きましょうと誘っている。

(5)おとゝしやらんむまれておはしまし候けるとうけ給はり候しは（一昨年やらん、生まれておはしましけると、うけ給はり候しは）

意味は、「一昨年でしたか、新たに子どもが生まれたと、伝えていただいたのは」という内容である。覚信尼と二番目の夫の小野宮禅念との間の唯善のこと。唯善は文永三年（一二六六）の誕生であることが、この第十通によって判明する。

（原文E）

又、それへまいらせ候はむと申候しめのわらは①も、ひとゝせのおゝうむびやう②におほくうせ候ぬ。ことり③と申候めのわらはも、はやとしよりて候。ちゝは御けん人にてむまのぜうと申ものゝむすめの候も(1)、それへまいらせんとて、ことりと申にあづけて候へば、よにふたうげ④に候て、かみなどもよにあさましげ⑤にて候也。たゞのわらはべ(2)にていまいましげ⑥にて候めり。

①**めのわらは**（**女の童**） 下人の女の子。
②**おゝうむびやう**（**大温病**） 熱病の大流行。
③**ことり**（**小鳥**） 女性の名。
④**ふたうげ**（**不当げ**） まったく娘らしくない、乱雑

けさ⑦がむすめのわかば⑧と申めわらはの、ことしは廿一になり候がはらみて、この三月やらんにこうむべく候へども、おのこゞならばちゝぞとり候はんずらん。(3)さきにもいつゝになるおのこゞうみて候しかども、ちゝさうでん⑨にて、ちゝがとりて候。これもいかゞ候はんずらん。(4)

わかばがはゝは、かしらになにやらんゆゝしげなるはれものゝいでき候て、はや十よねんになり候なるが、いたづらもの⑩にて時日をまつやうに候と申候。それにのぼりて候しおり、おとほうし⑪とてわらはにて候しが、それへまいらすべきと申候へども、めこ⑫の候へばよもまいらんとは申候はじとおぼえ候。あまがりんずし候なんのちには、くりさわ⑬に申おき候はんずれば、(5)まいれとおほせ候べし。

〈意訳E〉

また、あなたに譲ろうとお話ししました女の下人も、先年の大熱病で多く亡くなってしまいました。「ことり」という女の下人も、早くも年寄りになりました。父親は武士に仕えている「むまのぜう」という者の娘も、あなたに譲ろうと「ことり」に育てさせていますが、まったく心がけもよくなくて、髪などもほんとう

な。「ふたう」は現代では「ふとう」と発音する。

⑤**よにあさましげ**（**世にあさましげ**） とても情けない様子。とてもあきれて興ざめな様子。

⑥**いまいましげ**（**忌々しげ**） にくにくしい。

⑦**けさ**（**袈裟**） 女性の名。

⑧**わかば**（**若葉**） 女性の名。

⑨**ちゝさうでん**（**父相伝**）**にて** 父が受け伝えていく慣行に従って。「さうでん」は現代では「そうでん」と発音する。

⑩**いたづらもの**（**徒者**） 役に立たない者。無用な者。

⑪**おとほうし**（**弟法師、乙法師**） 末っ子の男の子。第七通の注(11)参照。第八通、第九通にも出る。

⑫**めこ** 妻または妻子、あるいは女の子。

⑬**くりさわ**（**栗沢**） 親鸞と恵信尼の息子である信蓮房。栗沢に住んでいた。

にきれいでないのです。平凡な下人で、いまいましい感じです。

第九通Bの注（9）参照。

「けさ」の娘の「わかば」という下人は今年二十一になりました。妊娠してこの三月ばかりに子どもが生まれるのですけれども、男の子でしたら、その子の父が引き取ることになるでしょう。以前も、いま五歳になっている男の子を産みましたが、下人の女から生まれた男の子は父へ付けるという慣例に従い、父親が引き取りました。母親は悲しむわけですし、今度はどうなるでしょうか。

「わかば」の母は頭になんでしょうか、忌まわしい腫物ができてはや十余年になります。この女は役に立たなくて、もうあまり命が長くないようだといわれています。あなたのところへ行かせた時にはまだ「おとほうし」といっていた子どもでした者がいます。その者をあなたに譲ると申しましたが、彼は妻と子がいるので京都には行くとはいわないと思います。でも、私が亡くなったあとのことは栗沢（信蓮房）に指示してあります。ですから京都へ来なさいと命じてください。

（原文注E）

（1）ちゝは御けん人にてむまのぜうと申ものゝむすめ

（父は御家人にて右馬の丞と申ものゝ、娘）

「御けん人」は「御け人」の誤り。意味は、「父は御家人で、名を右馬の丞という者の娘」ということである。この娘は下人身分で、この時十一歳になっていた。息子は父の身分を、娘は母の身分を受け継ぐのが当時の慣例であった。第九通Bの注(7)参照。

(2)たゞのわらはべ（只の童べ）

意味は、「その辺にいるような品のない子ども」ということである。恵信尼は、右馬の丞の娘には、身分は下人であっても、いかにも御家人の娘らしく上品な娘であってほしいのである。

(3)おのこゞならばちゝぞとり候はんずらん（男子ならば父ぞ取り候はんずらん）

意味するところは、「生まれた子どもが男子ならば、父親が引き取ることになるだろう」ということである。

武家法では、下人の女性から生まれた子どもは、女の子ならばそのまま母親が育てる権利があるが、男の子ならは父親が引き取ることになっていた。第一通の注(3)参照。それは男の子が二、三歳になった時のようである。第一通の注(3)参照。

(4)これもいかゞ候はんずらん（これも如何候はんずらん）

意味は、「これもどうなるだろうか」ということである。場合によっては、男の子は取られずに済むかもしれないのである。そうなってほしい、と恵信尼は願っている様子である。子どもを取られる母の嘆きが目に見えているからである。第一通の注(3)参照。

(5)あまがりんずし候なんのちには、くりさわに申おき候はんずれば（尼が臨終し候なん後には、栗沢に申おき候はんずれば）

意味は、「私が亡くなった後のことについては、信蓮房に指示しておきますので」ということである。「あま」とは恵信尼自身のこと。

恵信尼から覚信尼に譲る下人についての扱いは、信蓮房が任されていたようである。このことは、第九通にも出る。Bの注(9)(10)参照。

（原文F）

又、くりさわゝなに事やらん、のづみと申すやまでら(1)に、ふだん念仏(2)はじめ候はむずるに、なにとやらんせんじ①申ことの候べきとかや申げに候。五でうどのゝ御ために(3)と申候めり。

なにごとも申たき事おほく候へども、あか月たよりの候よし申候へば(4)、よるかき候へば、よにくらく候て、よもごらんじへ候はじとてとゞめ候ぬ。

又、はりすこしたび候へ。このびんにても候へ。御ふみの中にいれてたぶべく候。なほ〱、きんだちの御事こまかにおほせたび候へ。うけ給はり候てだに、なぐさみ候べく候。よろづつくしがたく候てとゞめ候ぬ。

又、さいさう殿②(5)いまだひめぎみにておはしまし候やらん。

あまりにくらく候ていかやうにかき候やらん。よもごらんじへ候はじ。

三月十二日ゐの時③

①**せんじ**　「占じ」か「撰じ」か、不明。

②**さいさう（さいしやう。宰相）**　覚信尼と最初の夫日野広綱との間の娘の光玉のこと。現代では「さいしょう」と発音する。

③**ゐの時（亥の時）**　午後十時ころ。

（意訳F）

また、栗沢の信蓮房はいったいどういうことなのか、「のづみ」という山寺で不断念仏を始めました。なんなのでしょうか、なにか書いて祈ることがあるそうです。「五条殿のために」といっているそうです。

いろいろなことについてお伝えしたいことは多いのですけれども、明朝暁に出発するそうですから、夜のうちに書いているのですが、とても暗くて字がよく書けません。これではとてもお読みになれないだろうと思いますので、これで止めることにします。

また、針を少しください。この手紙を運んでくれる人にでも託してください。あなたのお手紙の中に挟んで送ってください。やはりお子さんたちのことを詳しくお知らせください。お目にかかれなくても、お話を伝えていただくだけでも気が晴れます。いろいろ申したいことは多いのですけれども、これで止めます。

また、「さいさう」さんはまだ独身でいらっしゃるのでしょうかね。

ひどく暗くて、どのように書いたかわかりません。とてもお読みになれないでしょうね。

三月十二日亥の時

〔原文注F〕

（1）のづみと申すやまでら（のづみと申す山寺）

新潟県長岡市寺泊野積の山寺（山の中にある寺）ではないかという説と、上越市板倉区東山寺にある山寺薬師ではないかという説とがある。前者は栗沢から八十キロ近くもあるし、信蓮房や恵信尼が住んでいる所からはあまりに遠い。東山寺の山寺薬師ならば栗沢のすぐ近くである。「のづみ」が何かという課題は残るにしても、板倉区東山寺山寺薬師ではないかと推定しておきたい。

（2）ふだん念仏（不断念仏）

特定の日時を決めて、昼夜絶え間なく念仏を称えること。主に『般舟三昧経』に基づいて七日ないし九十日を限って行う修行方法である常行三昧をいう。これは阿弥陀仏像の周囲を歩きながら、口で阿弥陀仏の名を称え、心で阿弥陀仏の姿を思い浮かべるようにする。この修行が完成すると、阿弥陀仏をはじめとする諸仏をまのあたりにすることができるという。最澄が中国からもたらしたものである。「般舟」というのは、「仏を見る」という意味である。比叡山などにある常行三昧堂は、その修行道場である。日限を九日ないし三日とすることもある。

（3）五でうどのゝ御ために（五条殿の御ために）

「でう」は現代では「じょう」と発音する。

親鸞は、関東から京都に帰ったあと引っ越しを繰り返したが、五条西洞院が気に入ってしばらくそこに住んだ。『親鸞伝絵』下末に、

五条西洞院わたり、一の勝地也とて、しばらく居をしめたまふ。

と記されている。五条西洞院というのは、現在の東本願寺と西本願寺の中央にある西洞院通りを四百メートルほど北上して、五条通りと交わるあたりである。

したがって「五でうどの（五条殿）」とは親鸞

栗沢の信蓮房修行の地。新潟県上越市板倉区東山寺。

を指すと考えることもでき、「くりさわ（栗沢）」の行動は父親鸞のために行ったことと解釈することもできる。

「くりさわ（栗沢）」の信蓮房は、まず「ふだん念仏」を始めて仏の世界に入ることを期し、その上で「五でうどの」のために何か「せんじ」ようとしたのである。それについて恵信尼は「又、くりさわ、なに事やらん」「とかや申げに候」（などといっているらしいです）「と申候めり」（といっているらしいです）と感想を述べている。「めり」ということばは、事実がはっきりわかっているのに、それをぼかして表現するいい方である。つまり恵信尼は信蓮房の行動が気に入らないのである。

（4）あか月たよりの候よし申候へば（暁便りの候よし申候へば）

意味は、「暁に旅に出る人が来てくれるとのことですので」ということである。「あか月（暁）」は午前四時を挟んだ二時間ほどの間。まだ暗いが、当時はこの時間帯から活動が始まった。たとえば、通い婚の夫は帰宅の準備をし、京都の朝廷に勤務する役人は出勤のために家を出た。朝廷では夜明け（曙）とともに門が開いたからである。旅に出る者が「あか月」に家を出るのはむしろ普通のことであった。

（5）**さいさう**（さいしやう。宰相）

「さいさう」は覚信尼と日野広綱との間の娘の光玉のことである。光玉は後に如信と結婚して奥州に下る。「さいさう」については第九通にも出ている（Cの注〈4〉参照）。その時も恵信尼は「さいさう」が夫を得たかどうか心配していた。

参考文献

鷲尾教導『恵信尼文書の研究』中外出版社、一九二三年
＊恵信尼文書全体についての研究。
梅原真隆『恵信尼文書の考究』顕真学苑、一九五七年
＊恵信尼文書全体についての研究。
名畑応順・多屋頼俊校注『親鸞集　日蓮集』「日本古典文学大系」八二、岩波書店、一九六四年
＊恵信尼文書の翻刻と解説を収める。
真宗聖典委員会『浄土真宗聖典』および『浄土真宗聖典　解説・校異』本願寺出版部、一九八五年
＊恵信尼文書の原文そのままの翻刻と解説を収める。
石田充之・千葉乗隆編『真宗史料集成』第一巻「親鸞と初期教団」同朋舎、一九七四年
＊恵信尼文書の原文そのままの翻刻と解説を収める。

——以下は恵信尼についての研究——

藤島達朗『恵信尼公』新井別院、一九五六年
平野団三『越後と親鸞・恵信尼の足跡』柿村書店、一九七一年

藤島達朗『親鸞をささえた妻と娘』法蔵館、一九八四年
菊村紀彦・仁科龍共著『親鸞の妻・恵信尼』雄山閣、一九九〇年
大谷嬉子『親鸞聖人の妻　恵信尼公の生涯』本願寺出版社、二〇〇〇年
今井雅晴『親鸞と恵信尼』自照社出版、二〇〇四年
今井雅晴『恵信尼消息に学ぶ』東本願寺出版部、二〇〇七年
今井雅晴『恵信尼さまってどんな方？』「歴史を知り、親鸞を知る」シリーズ❷、自照社出版、二〇〇九年
今井雅晴統轄監修『越後の恵信尼――ゑしんの里　いたくらから――』ゑしんの里観光公社、二〇一二年

あとがき

古い話を持ち出せば、江戸時代が終わって百数十年、さらには第二次世界大戦が終わってからでも七十年近く、社会の近代化の中で親鸞の伝記はさまざまな研究がなされてきました。それはめざましいばかりです。しかし親鸞の家族の研究はかなりの遅れをとっています。妻の恵信尼も、当然のようにひたすら夫に仕える女性、という見方で話が進んできました。しかしそれは必ずしも親鸞と恵信尼が生きた鎌倉時代という社会の研究の上に成り立った見方ではありませんでした。

家族の中で生きた親鸞と恵信尼。鎌倉時代の社会を深く探る必要があります。そして現代の、男女はお互いの立場を尊重して共に生きるべきだという観点から、恵信尼の伝記を明らかにすべきでしょう。本書はそのような観点から執筆しました。

男ばかり四人兄弟の長男であった私は、子どものころから「男はこう生きるべきだ」という本をずいぶん読み、そのような映画も見た気がします。でも結婚して妻に女性の世界を教えられました。生まれた子どもは二人、いずれも女の子でした。一昨年に孫が生まれました。これも女の子でした。周囲を女性に取り囲まれていますし、その助けなしには生きていけません。このような私的なことから親鸞の一生を想っては甚だ僭越と思いますけれども、このことが私の恵信尼研究の意欲の基をなしています。

本書は法藏館で出版させていただく書籍の二冊目です。最初の拙著『親鸞の家族と門弟』出版から、もう十年もたってしまいました。この間、何度も出版のお勧めをいただいたことに感謝しております。また本書出版にあたり、法藏館の皆様方、特に編集長の戸城三千代氏、担当の満田みすず氏に大変お世話になりました。あつく御礼を申し上げます。

全国の恵信尼研究がさらに進むことを願っております。

二〇一二年七月十八日

今井雅晴

今井雅晴（いまい　まさはる）

1942年、東京生まれ。

1977年、東京教育大学大学院文学研究科博士課程修了。

茨城大学教授、プリンストン大学・コロンビア大学客員教授等を経て、現在、筑波大学名誉教授、真宗文化センター所長。文学博士。

主な著書に、『親鸞と東国門徒』『親鸞と浄土真宗』（吉川弘文館）、『親鸞と本願寺一族』（雄山閣出版）、『親鸞とその家族』『親鸞と恵信尼』『親鸞と如信』『歴史を知り、親鸞を知る１～５』（自照社出版）、『わが心の歎異抄』（東本願寺出版部）、『親鸞の家族と門弟』（法藏館）など多数。

現代語訳　恵信尼からの手紙

二〇一二年九月一五日　初版第一刷発行

著　者　今井雅晴
発行者　西村明高
発行所　株式会社　法藏館
京都市下京区正面通烏丸東入
郵便番号　六〇〇-八一五三
電話　〇七五-三四三-〇〇三〇（編集）
〇七五-三四三-五六五六（営業）

装幀者　小林　元
印刷・製本　中村印刷株式会社

ISBN 978-4-8318-4039-4 C1021